U0926880

新零售3.0

引领新一轮零售产业革命

张爱林 著

中国财富出版社

图书在版编目（CIP）数据

新零售 3.0：引领新一轮零售产业革命／张爱林著. —北京：中国财富出版社，2019.7

ISBN 978－7－5047－6968－8

Ⅰ.①新… Ⅱ.①张… Ⅲ.①零售商业—商业模式—研究 Ⅳ.①F713.32

中国版本图书馆 CIP 数据核字（2019）第 140356 号

策划编辑 刘瑞彩 谢晓绚 **责任编辑** 周 畅
责任印制 梁 凡 **责任校对** 卓闪闪 **责任发行** 张红燕

出版发行 中国财富出版社
社　　址 北京市丰台区南四环西路 188 号 5 区 20 楼 **邮政编码** 100070
电　　话 010－52227588 转 2098（发行部） 010－52227588 转 321（总编室）
010－52227588 转 100（读者服务部） 010－52227588 转 305（质检部）
网　　址 http://www.cfpress.com.cn
经　　销 新华书店
印　　刷 北京京都六环印刷厂
书　　号 ISBN 978－7－5047－6968－8/F·3061
开　　本 710mm×1000mm 1/16 **版　　次** 2019 年 11 月第 1 版
印　　张 14.5 **印　　次** 2019 年 11 月第 1 次印刷
字　　数 168 千字 **定　　价** 48.00 元

前　言

如果我们从对线下传统零售颠覆性变革的视角来理解新零售，那么最早的新零售，也就是新零售 1.0 可以追溯到 PC（个人计算机）互联网时代。电子商务平台的出现为消费者提供了一种新的购物渠道，围绕电商平台，供应商、卖家及用户建立了新的连接关系。

步入移动互联网时代后，真正打破时间与空间限制的移动电商受到了广大网民的青睐，支付方式更为安全、便捷，物流服务水平不断提升，商家与消费者无缝对接，消费场景得到极大地拓展。新零售 2.0 时代，电商平台发展势头尤为迅猛，不但催生了阿里巴巴、京东两个垄断级电商巨头，唯品会、蜜芽等专注细分领域的垂直电商平台也逐步发展壮大，线上流量之争日趋白热化。

为了降低获客成本，阿里巴巴、京东等电商平台积极实施渠道下沉战略，布局跨境电商，试图拓展新的引流渠道，然而农村电商与跨境电商存在较大的行业痛点，仅凭几家电商巨头的力量是远远不够的。新零售 2.0 时代便开始强调线上与线下结合，团购领域掀起的“百团大战”就是典型代表。线上连接各类线下服务是主流趋势，但这种线上与线下的连接，更多强调为线上引流，通过所谓的战略性亏损培养用户的消费习惯。以美团为例，美团通过持续补贴相对高频的外卖业务吸引用户，然后向这些用户推荐平台的观影、旅游、酒店等其他业务，逐渐将自身打造为综合性的服务平台。

近几年，电商规模迅速扩大，“618”“双十一”“双十二”等电商购物节成交额持续刷新纪录，再加上房租、人力成本不断上涨，传统零售门店生存状况越发艰难。在相当长的一段时间里，传统实体门店将会消亡的声音十分高涨，很多实体零售从业者对实体零售也失去了信心，认为放弃线下转型线上是必然选择。但马云提出新零售概念后，线下门店价值得到进一步挖掘，依托实体门店重构零售三大核心要素“人货场”，新零售 3.0 将在零售业掀起一场前所未有的重大产业变革。

新零售 3.0 必然建立在相对成熟的物流体系的基础之上，物流是保障用户体验及提高商品流转效率的关键所在，顺丰及“四通一达”的快速发展，以及京东到家、人人快送等同城配送服务商逐渐发展壮大，提高了整体物流发展水平。大数据技术在零售领域的应用，使服务更精准。零售门店的数字化转型，有效强化了其连接能力，门店坪效（商场总营业额/商场总面积）也得以显著提升。

由新零售 2.0 跃迁至新零售 3.0，背后的核心驱动力是终端消费者需求变化。消费升级背景下，为了使消费者全渠道购物及全流程优质服务体验的需求得到充分满足，必须要进行零售模式的转型升级，这涉及设计、生产、仓储、物流、营销、售后、用户运营等零售经营管理的方方面面。

由于消费需求越发个性化，创新就显得尤为关键，技术、组织架构、场景、业态等零售要素的创新案例大量涌现，催生出了无人零售、社交零售、共享零售、大数据零售等一系列新兴零售业态，为创业者及零售企业提供了广阔的发展空间。在新零售 3.0 模式中，门店的强大连接能力，使零售企业可以打破区域、产业等诸多边界，挖掘更为丰富多元的服务场景，最终打造出一种闭环生态。

然而在探索新零售 3.0 过程中，很多国内零售企业因为对新零售 3.0 认知不足，以及急功近利的心态，仅是将线下门店业务转移至线上，意欲通过提高门店辐射能力提高线下坪效，这种做法只是简单地将线上作为一种新的销售渠道，没有认识到互联网赋予商家更强的连接用户、服务用户能力，根本不能让企业构建核心竞争力，更不用说借势新零售 3.0 而崛起。

鉴于此，笔者在对新零售 3.0 模式进行深入分析的基础上，创作了本书。本书立足于新零售 3.0 重构“人货场”的本质，全面梳理了新零售 3.0 模式的逻辑、内涵、落地战略、切入点选择、路径规划、实施方案等，结合实践案例分析，为零售企业提供了一套行之有效的新零售 3.0 转型解决方案，是意欲掘金新零售 3.0 风口的创业者、微商、电商企业及传统零售企业的必读之作！

目录

第一章

新零售：
新消费时代的零售产业变革

第一节　消费升级：新零售崛起的内在逻辑

• 消费升级：新兴消费群体的特征

我国面临“三期叠加”带来的挑战，经济增长速度放缓。投资、出口与消费是拉动我国经济增长的三大动力，受全球及国内经济环境的影响，投资与出口的增速开始走低，相比之下，消费增速仍然呈上升趋势。随着消费升级时代的来临，消费增长对经济发展的带动作用更加明显，为国内经济的平稳发展提供了有力的保障。在今后的发展过程中，我们更应该顺应经济发展的大势，进一步扩大消费，通过实施供给侧结构性改革，促进消费升级，再以消费的升级发展推动供给侧优化，发挥两者之间的协同效应，从整体上推动国家经济发展。

近年来，信息技术的发展、城镇化的建设、制造业的转型升级加速了我国消费需求的发展，消费升级时代随之到来，为文化教育、医疗健康等新兴服务业的发展提供了良好的环境，有效促进了产业结构的优化。

消费升级不仅体现为消费规模的扩大，还体现为消费质量的提高、消费方式与消费形态的改变，与此同时，由于人们的消费层级普遍提高，消费行为体现出许多新的特点，新兴消费群体强势崛起。

（1）人们的消费层级明显提高。

进入21世纪后，人们的生活水平及生活质量明显提升，人们的基本消费需求得到了满足，开始追求更高层级的消费，汽车与住宅成为新时期的消费热点。

（2）人们的消费质量明显提高。

伴随着经济收入的增长，居民的消费关注点逐渐从数量转移到质量方面，开始追求健康、潮流、高品质消费，会对商品的性价比进行重点评估。

（3）在形态方面，服务型消费逐渐取代物质性消费。

基本消费需求得到满足之后，越来越多的人开始追求高品质的生活，在医疗健康、旅游、教育、信息等方面的支出日渐增长。

（4）在消费方式上，线上线下一体化逐渐取代传统的实体消费。

电商行业在互联网时代下迅速崛起，拓展了人们的消费渠道，增加了人们的消费选择，使传统消费模式发生了转变。

（5）在消费行为方面，个性化消费取代了大众消费。

传统的排浪式消费缺乏创新，大众化特征明显，伴随着新兴行业的发展及消费的升级，加上互联网的普遍应用，人们越来越趋向于个性化消费，促使企业改变传统的生产模式。

- **驱动因素：大众新消费时代来临**

近年来，国民经济的持续发展、互联网的高速发展与普遍应用、城镇化建设等有效推动了我国消费的升级，而国家相关部门的引导、宏观政策的制定与实施也是消费升级的重要驱动因素，如图 1－1 所示。

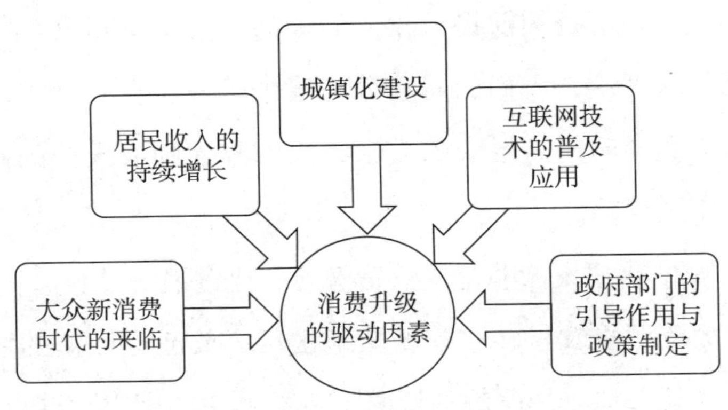

图 1－1　消费升级的驱动因素

（1）大众新消费时代的来临加速了消费升级。

通过分析西方发达国家的经济发展历程可知，经过长时间的积累，西方国家的产业体系日趋完善，社会经济的发展趋于稳定，大众新消费时代到来。在这个阶段，以房屋、汽车为代表的耐用品成为许多消费者的选择，服务类消费的发展也十分迅速。企业开始将优势资源应用于耐用品与服务类产品的制造中，经济结构在消费发展的驱动下产生了变革。

对我国经济发展的现状进行分析可知，居民的消费热点逐渐转移到住宅、汽车方面，并且对服务类产品的需求量也迅速提升。在产业结构方面，我国已经建立起相对完善的基础设施体系与工业体系，2016 年第二产业增加值占国内生产总值的比重达 39.8%，第三产业增加值的比重为 51.6%，远超第二产业。由此可见，中国的大众消费新时代已然来临，与西方发达国家的经济发展一样，这也促进了消费升级。

（2）居民收入的持续增长加速了消费升级。

经济收入是消费的前提，收入的提高能够促进消费的升级。按照马斯洛需求理论，人们的需求分为五个等级，在基础需求满足的基础上，人们会转向高层级的需求，经济收入则为人们的需求满足提供了一定的保障。

（3）城镇化建设能够挖掘消费潜力，促进消费升级。

劳动力资源从农村转移到城镇地区后，要适应城镇的快节奏生活与工作，就要通过相应的消费满足自身的生活需求，这就给餐饮、服装等行业的发展提供了市场基础；与此同时，公共服务部门以及医疗卫生、文化节教育等服务行业在市场需求的驱动作用下获得了快速发展；另外，不断扩大的用户规模促进了信息的快速传递与分享，能够深度挖掘人们的消费需求，为新兴行业特别是服务业的发展提供助推力量。

（4）互联网技术的普及应用给消费的升级提供了技术性支持。

在互联网时代下，用户能够随时随地通过网络渠道购买自己所需的商品与服务，不必在商品挑选方面浪费太多时间与精力，还能根据自己的个性化需求进行选择。自媒体的崛起促进了信息的高效传播，现如今，消费者已经取代商家在市场上占据主导地位，市场的调节作用更加明显。另外，高速发展的互联网技术催生了许多新兴业态，改变了传统的消费方式。网络技术的应用降低了交易过程的复杂程度，实现了居民消费潜力的深度挖掘，对许多人而言，相较于传统消费模式，线上消费的吸引力更大。

（5）政府部门的引导作用与政策制定加快了消费升级。

出于改善供给结构、促进消费升级的目的，国家相关部门积极制定针对性政策，通过实施供给侧结构性改革，从根本上推动消费升级。在国内经济增速放缓的趋势下，政府积极发挥自身的调控作用，通过出台经济政策，拓展国内消费。在具体改革过程中，政府部门通过下放经营管理权鼓励企业发挥主观能动性，积极参与市场竞争，从而实现社会资源的整合利用与优化配置；发改委推出七大工程包和六大消费工程，通过吸引社会投资促进消费升级的发展，并为第三产业的发展创造良好的政策环境。

• 我国消费1.0到4.0时代的演变

在迅猛发展的科学技术、不断提升的生产效率和交易效率、持续变革的消费形式的推动下，我国消费从1.0时代迈进了4.0时代，如图1－2所示。

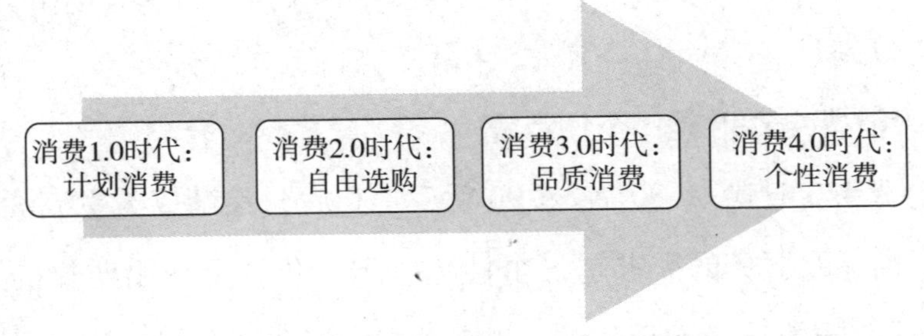

图1－2　我国消费1.0到4.0时代的演变

1. 消费1.0时代：计划消费

消费1.0时代，市场供给与需求需要严格把控，生活用品分配采用配额制，居民凭借各种票据购买生活用品，比如凭借粮票购买粮食，凭借布票购买布匹，等等。由于商品种类少、量少，消费者被迫计划消费，且商品通常只能通过供销社柜台销售，消费者基本需求无法得到有效满足。

2. 消费2.0时代：自由选购

进入消费2.0时代之后，经济体制全面改革，生产力迅猛发展，产能大幅提升，人们可支配收入越来越多，日常消费需求越来越高，供销社模式不再适用。于是，我国开始向发达国家学习建设百货商场、便利店。商品销售渠道变得越来越多，消费者可以自由选购商品，且购物越发便利，供需逐渐平衡，居民基本消费需求得以满足。

3. 消费3.0时代：品质消费

进入消费3.0时代之后，由于商品种类与数量愈发丰富，产能过剩，供过于求。在此形势下，人们的消费观念发生了变化，人们开始注重服务与体验，追求高品质的生活，由此催生了大量新的零售业态，比如专卖店、购物中心、会员店等，消费者多元化的消费需求得以满足。

4. 消费4.0时代：个性消费

消费4.0时代，“80后”“90后”“00后”逐渐成为主流消费群体，对商品及服务的需求越发个性化、多元化，呈现出明显的“长尾效应”。随着消费不断升级，越来越多的消费者开始关注商品的附加值。在这个时代，消费者可能出于“喜欢”购买一件商品，而非“需要”，产品质量、审美都可能成为促使消费者产生购买行为的因素。

也就是说，在消费4.0时代，消费者的购买行为开始追求个性化、社交化、情感化。随着消费者的消费动机不断改变，标准化的产品逐渐失去吸引力，定制化、非标准产品将成为消费者的新宠。消费者希望并且愿意在美好的事物上投入时间和金钱，以“茶”为例，在消费4.0时代之前，消费者会为生活必需品中的“茶”埋单；在消费4.0时代，消费者会为情感层面的“茶”埋单。

- **消费者主权：需求驱动消费变革**

马云在谈及电商对实体零售业的冲击时表示：真正打败实体零售业的不是电商，而是新的消费群体及消费习惯。马化腾表示：不了解年轻人的喜好让他产生了巨大的危机感。由此可见，对于零售企业来说，影响其生死存亡的并不是线上或线下，而是新的消费群体、新的消费观念和习惯。

那么，在新零售3.0时代，随着新一代消费群体的出现，消费观念与消费习惯究竟呈现出何种新特征呢？

1. 消费需求：从“二八定律”到“长尾效应”

在商品短缺时代，商品销售满足“二八定律”，也就是80%的销售额来自20%的商品，在整个市场上，高口碑、高质量的产品发挥着绝对支配作用。比如，空调市场上的科龙，冰箱领域的海尔，轿车市场上的桑塔纳等，当时，这些品牌几乎代表了其所属的细分市场。

在商品丰盈时代，商品销售呈现出了“长尾效应”，市场上既出现了热销商品，这些商品集中在头部，也出现了海量长尾商品，这些商品分割出了不同的在较大的细分市场中是有相似兴趣或需求的一小群顾客所占有的市场空间。首、尾两部分商品所占市场份额几乎相等，甚至尾部商品所占市场份额更大。

例如在冰箱市场上，曾主导整个细分市场的海尔冰箱所占市场份额虽仍是第一，但2016年，其所占市场比重却下降到了16.9%，“二八定律”俨然失效。

站在消费者立场，聚集在头部的消费者需求就是主流需求，而分布在尾部的消费者需求就是个性化需求，在需求曲线上，这部分需求会表现为一条“长长的尾巴”，将所有尾部市场整合在一起，其规模会超过主流市场，这就是“长尾效应”。

“长尾效应”产生于商品丰盈时代，只有头部，用户多元化的需求无法得到满足；只有尾部，用户将进入一个陌生的市场，无所适从。

“二八定律”与“长尾效应”的对比如表1－1所示。

表1－1 “二八定律”与“长尾效应”的对比

商品特征	“二八定律”	“长尾效应”
发展时期	消费1.0、2.0时代	消费3.0、4.0时代
经济背景	资源稀缺	资源丰饶
市场导向	卖方市场	买方市场
客户服务	大众化需求	个性化需求

2. 消费的场景：渠道革命

对于整个零售行业来说，渠道是载体，它将消费者和商品连接在了一起。在这个供应链中，零售是最后一公里。在经济不断发展、生产力持续进步、科技不断创新、消费持续升级的形势下，零售业乃至整个零售渠道实现了持续改革。

到目前为止，零售业的改革过程可划分为五个阶段，分别是百货商场阶段、连锁商店阶段、超级市场阶段、购物中心阶段、无店铺经营阶段。零售渠道呈现出了两大发展趋势，一是碎片化，二是集中化。

（1）碎片化。

消费场景的分散与重构，使得购物愈发便利，带给用户极致的体验。在此形势下，小型零售业态（如便利店、精品店、会员体验店等）迅速崛起，实现了快速发展，近年来，全家、7－11 等便利店的迅速扩张很好地证明了这一点。

（2）集中化。

消费渠道及消费场景不断集中、聚合，带给消费者多样化的购物体验。在此形势下，购物中心、商业街等，大型商业综合体呈现出了迅猛发展之势，比如万达广场等。

3. 消费的连接：从“价格”到“人格”

消费 1.0 时代，在计划经济体制下，商品分配优于交易。

消费 2.0 时代，消费者在做购买决策时会优先考虑商品价格，市场与西方经济学中的供求曲线相符，供给越少，价格越高，所以物美价廉的商品备受青睐。

消费 3.0 时代，“品格”代替“价格”成为消费者做消费决策的关键因素。随着生活水平不断提升，消费持续升级，质量与服务成为商品卖点，消费者不再过度追求低价，开始关注商品质量与服务。

消费4.0时代，“人格”成为消费者的关注要素。随着消费升级，消费者需求越发个性化，“只生产一款黑色福特车”已无法满足消费者需求。而且，消费者对商品的个性化需求已从功能层面转移到了情感层面，不仅要求产品满足自己的需求痛点，还要求与产品建立一种“连接感”。

未来，零售客体可能会朝“产品IP（知识产权）化”的方向发展，为此企业要从三个层面出发打造产品：首先，在物理层面产品要做到“有用”，为此与其他同类产品相比，自己的产品至少要具备3个功能差异点；其次，在化学层面产品要做到“有趣”，用户在使用过程中要感到愉快；最后，在社会层面产品要做到“有爱”，也就是产品要有情怀，要能引起消费者共鸣，形成价值群落。

• 消费升级时代的零售创新与进化

根据国家统计局数据显示，我国2017年全年社会消费品零售总额达到36.6万亿元，比2016年增加了3.4万亿元，同比增长达10.2%，根据商务部的数据统计显示，2013年至2017年，我国社会消费品零售总额年均增长达11.3%，这个增长速度超过了国内生产总值的增速。

美国2017年的零售总额大约在5.5万亿美元，最多不超过5.7万亿美元，而我国2017年社会消费品零售总额换算成美元约为5.3万亿美元，同期美国社会消费品零售总额的年均增速为3%，这个数字远低于中国。这意味着我国在消费增长方面存在的不足正日渐消失，消费趋势呈现出新的特点，并在今后的发展过程中为我国经济增长做出更多的贡献。

1. 过去的变化：互联网电商崛起

随着互联网的高速发展与普遍应用，电商行业迅速崛起，改变了传统商业零售领域的布局。中国电商年度报告内容显示，2016年中国网购规模（不含服务）达到7500亿美元，在全球范围内排名第一，同年，美国网购规模达3121亿美元，居于第二位，英国网购规模达1500亿美元，居于第三位，日本网购规模达900亿美元，居于第四位，在全球电商市场，中国所占的市场比重高达四成。中国电子商务研究中心数据监测显示，中国实物商品网上零售额达54806亿元，增长率达28%，在社会消费品零售总额中所占比重达15%。

2. 现在的变化：零售业创新转型

现阶段，零售业的创新转型在引领整个市场的变化发展。近十年来，互联网电商快速崛起，2017年在社会消费品零售额中所占比重却低于16%，尚有待提高；2017年实体商业的零售总额达30万亿元以上，国内零售企业总体数量将近2700家，整个行业的总体销售额增速达4.6%，比2016年提高了3%，扭转了2012年至2016年实体商业发展缓慢的局面。

同期，我国限额以上超市的零售额增长率达7.3%，百货店零售额增长达6.7%，专业店零售额增长达9.1%，专卖店零售额增长达8.0%。从商品品类方面来分析，食品类商品零售额增长达29.4%，服装类商品零售额增长达18.0%，日常用品类零售额增长达31.1%。

商务部表示，在宏观经济环境及现代信息技术应用的推动作用下，零售企业的发展将进入升级阶段，在后期发展过程中，国内零售企业将实现不同渠道、供应链各个环节之间的连接，推出无人便利店和无人货架等新兴零售业态。与此同时，零售业将着力在小规模城市、城镇及农村地区开拓市场，尽快实现渠道下沉。

零售业的升级催生了新零售。那么，到底什么是新零售呢？新零售即在互联网时代，运用以大数据、人工智能为代表的先进技术，促使企业在生产、营销等各个环节实施改革创新，通过颠覆传统模式，建立全新的业态结构与零售生态体系。

在新零售模式下，企业能够将线上渠道与线下渠道的运营结合起来，并促进物流体系的完善。新零售的概念是马云于2016杭州·云栖大会上提出的，他认为，在今后的发展过程中，新零售将代替电子商务，成为占据市场主导地位的零售新业态。

第二节　零售的进化：从新零售1.0到新零售3.0

• 新零售1.0：线上购物模式的兴起

随着移动终端、移动支付等技术的快速发展，以及仓储物流等基础设施的不断完善，电子商务在各行业的渗透融合进程日渐加快，从而引发了前所未有的产业变革。在阿里巴巴、京东等电商企业的积极探索下，目前，我国电子商务产业处于世界领先水平，交易规模领先于日本、德国、美国等发达国家，而且随着三、四线及以上城市市场和农村市场被逐步发掘，我国电商市场有很大的成长空间。

我国正式接入互联网最早可以追溯到1986年，但1994年以前，互联网应用仅局限于少数科研机构及高等院校，大众对互联网的认识仅停留在概念阶段，1994年后，互联网开始在全国范围内推广，到2009年12月时，我国网民规模已经超过1亿人。

2003年后，得益于互联网研究与行业应用不断深入，电子商务在我国具备了落地基础，部分创业公司向eBay（易贝）等海外领先的电商平台学习借鉴，并与软件及解决方案开发商合作打造电商平台，通过免费注册等模式建立领先优势，逐渐在国内市场掀起线上购物热潮。整体来看，新零售1.0阶段的电子商务存在以下两个方面的重要特征。

1. 多元化的商业新应用

腾讯、百度、盛大等互联网平台的崛起，使电子商务不再局限于中小商家在论坛、门户网站上发布产品信息，而是和搜索、即时通信、网络广告、网络聊天、网络游戏等场景相结合。此后，为了规范行业发展，电商平台及物流服务商、技术方案解决商等开始推出信用认证体系、网上支付体系、物流服务体系、电子签名体系等，从而催生出了B2B（企业对企业）、B2C（商对客）、C2C（个人对个人）等多种电商模式，电商应用日趋多元化。

2. 网商崛起

阿里巴巴缔造者马云在2004年提出网商概念后，网商群体逐渐被大众认可，到2007年，部分淘宝卖家在平台红利的支持下获得了相当可观的利润，在全国范围内发挥了较大的示范作用，网商群体迎来了快速增长期，到2009年，全国范围内掀起了一股电商创业热潮。

在这个过程中，电商在去中间环节、送货上门、品类丰富多元、经营成本等方面的诸多优势得到了充分体现，电商平台逐渐形成了开放合作、共建共享的发展理念，为电商在全国范围内的推广普及奠定了坚实基础。

该阶段，我国B2B、B2C电商会员数量保持快速增长，部分平台借助付费会员、抽取交易佣金等方式成功盈利。C2C电商则是在阿里巴巴2003年创建淘宝网后迎来快速发展期，2003年10月，支付宝的上线补足了电商线上支付短板。2004年1月，刘强东创建"京东多媒体网"，这便是京东商城的前身。2004年8月，亚马逊全资收购卓越网。2005年9月，腾讯上线拍拍网（2006年3月正式运营，2014年3月被京东收购）。2009年，我国C2C电商市场格局已基本稳定。

与此同时，淘宝等行业领先者在一、二线城市培养了一批忠实用户，大众对电子商务的认知日渐完善，诚信体系缺失、支付安全、物流配送等问题基本解决，部分创业者及传统零售企业率先转型线上，积累了丰富的电商运营管理经验，不久后，便享受到了第一波电商红利。

• 新零售2.0：线上线下的融合发展

自进入移动互联网时代以来，我国的零售渠道发生了变化，表现出社区化、移动化的特点。线下渠道社区化，拉近了与消费者之间的距离；线上渠道移动化，有机会与线下渠道融合，推行全渠道战略或 O2O（线上到线下）战略。

O2O 是实体零售企业和互联网电商共同渴求的一种运营模式，中间的“2”异常重要，它代表了链接、融合。其中链接指的是移动技术，融合指的是企业运营，只有移动技术不断进步，企业经营过程才能不断升级，经营模式才能成功变革。这里的移动技术指的是移动终端和 App（应用程序）。比如微信小程序，用户无须下载即可使用，功能强大。在小程序的推动下，零售 O2O 模式或可实现更好地发展，还有可能加速某些零售业态的发展，比如品牌商、社区店、品类专业店等。

融合是一种经营思维，一种具体的经营管理方法。一般情况下，我们会通过“人货场”的价值重构加速线上线下融合，推动 O2O 模式落地。

比如，某服装品牌商为了推行 O2O 模式，首先要改变实体店加盟方式，保证线上线下同款同价；其次要对利益分配方案进行调整，赋予每个终端调拨发货功能；再次要打通会员账号，利用大数据对其消费行为进行深入分析，以获取会员行为数据；最后要借助各种软件工具，辅以利益刺激和技能培训，让线上线下导购一体化。

相关做法还有很多，按照阿里巴巴的分类方法，可将 O2O 模式践行方法分为三大类：商品通、会员通、服务通，如表 1 – 2 所示。

表1-2 O2O模式践行方法分类

类型	特点	作用
商品通	价格打通	同款同价
	库存打通	实库、虚库统一盘货
	大促打通	终端可调拨发货
会员通	账号通用	为线上、线下数据采集提供方便
	积分通用	利益捆绑用户
	行为记录	为数据挖掘、利用提供方便
服务通	售前服务	门店与线上代购相融
	售中服务	精准定位目标消费者，为社群服务提供方便
	售后服务	线上线下受理退换货请求

到目前为止，很少有企业真正做到了线上线下融合，按照企业所处领域对其归类整理，各大零售业态的O2O模式代表企业如表1-3所示。

表1-3 各大零售业态的O2O模式代表企业

行业领域	代表企业
购物中心	阿里巴巴的喵街
百货商场	天狗网、虹领巾、阿里巴巴的银泰网
大卖场	大润发的飞牛网
综合超市	阿里巴巴的盒巴鲜生
社区超市	京东到家、淘宝到家
便利店	淘宝便利店

零售领域的购物场景不同，其推行O2O模式的方法也不同，在这方面，零售企业可以参考上述企业的做法。在参考的过程中，零售企业必须注意一点，要取其精华去其糟粕，不能全盘借鉴。因为有些企业的O2O模式或多或少存在一些问题，零售企业的相关人员

要有效识别，学会反思。零售企业在推行 O2O 模式的过程中要遵循新零售的方法论——通过商品经营人。在经营人方面，零售企业可以秉持“人即资产”的理念。

总而言之，对于零售企业来说，线上线下融合、O2O 模式是必经之路。为推行 O2O 模式，实现线上线下融合，实体零售企业不仅要发展电商，还要优化企业的内部经营管理，实现自我变革。无论是实体零售企业，还是互联网电商，要想实现持续发展，就要实现线上线下融合，这是未来趋势。

• 新零售 3.0：构建新实体零售经济

互联网商业模式的发展催生了很多新的商业形态，比如共享经济、大数据经济、社群经济等。这些新商业形态的出现引发了一系列新变化，产生了全新的商业价值。在经济新常态的作用下，一个新的商业时代逐渐成熟，拉开了新实体零售时代的序幕，呈现出了实体零售与互联网电商双线融合、相辅相成的局面。未来，在互联网的推动下，零售业将显现出何种特征呢？

1. 呈现新实体零售形态

在形式方面，互联网与数字化零售的基本功能特征将逐渐显现；在内部，商业价值将得以重构，资源将得以重组。

在新实体零售时代，零售业与互联网全面融合，这种融合涉及技术、文化、服务元素、手段等多个层面的内容，打破了专业、技术、服务等领域的局限，创造出了新价值。通过打造购物场景，为消费者提供多元化、个性化的产品和服务，在大数据及共享平台建设模式的支持下，新实体零售对商业价值进行了重构，拓展了商业价值的获取渠道，为消费者和零售企业提供了各种各样的价值，更让消费者受到了商品的附加值。

在零售业与互联网相融、O2O 模式构建方面，新实体零售表现出了一种新趋势，即社会化专业分工、社会化资源整合。比如，零售企业利用专业级的实体商业数据平台和营销整合平台，推动线上线下相融，构建专业的开放服务平台为消费者提供“实体商业 + 互联网”的场景，让消费者个性化需求得以有效满足。同时，利用实体商业经营积累的经验，对互联网技术和资源进行全面整合，让实体用户通过各个渠道与互联网对接，提升实体零售业的服务能力，让消费者享受到更优质的个性化场景服务。

总体来看，新实体零售具有以下特征：借互联网实现重新定位、创新发展、价值重构、资源重组、对平台经济进行充分利用，以新一轮社会化分工为武器，开展数据化运营，创造新的商业运营理念和模式。

2. 新实体零售的互联网转型引发渠道变革

零售行业与互联网对接之后，每一个运营环节都将受到影响，包括商品采购、招商、供应商渠道、零供关系等，其中采购与招商环节受到的影响最大。在互联网数据资源整合与运营平台助推的作用下，招商范围与采购范围将进一步拓展，将从全国延伸至全球。另外，供应商渠道将实现去中间化。

从便利店、超市到大型商场、购物中心，供应链都发生了重大变化，最显著的变化就是消费者可选择的品牌越来越多，消费者发现品牌、选择品牌所用时间越来越短；品牌、业态组合所用时间越来越短，也越来越科学、合理；供给两端迅速拉近，表现出了鲜明的诉求。

具体来看，渠道变革、供应链变化表现出了以下特征。

（1）零售商引入了一种全新的供应链思维，传统的零售供应关系得以重构。

（2）零售商摒弃了传统的商圈思维，招商规则发生了改变。

（3）招商范围扩大到了全球。

（4）零售商在选择品牌、组合品牌时引入了网络品牌。

（5）实体供应链越来越短，品牌实现了去中间化。

3. 新实体零售促使零售与物流同步调整定位

实体零售企业在与互联网融合、发展实体O2O模式之前必然要对自身进行调整，增强自身的适应性，为转型做好准备。追根溯源，转型就是要不断改进传统的物流体系，推动新实体零售经济转型升级，通过调整目标消费群体及其消费定位，促使物流成本实现更好转化，开发出新的消费渠道。

互联网时代，零售业的主流消费群体是“90后”“00后”，互联网伴随着他们成长，对其价值观、消费观、消费行为、生活方式产生了深刻影响。并且整个消费环境进入了女性消费时代，即女性消费群体崛起的时代。除此之外，我国城镇化进程进一步加快，客户群体、消费群体的构成越来越复杂，上中下三端逐渐融合，因此零售企业要想发展，必须重新进行商业定位。

随着实体零售与互联网不断融合，很多传统的商业形态逐渐消失，同时出现了很多新的商业形态。为此，实体零售业必须发散思维、全面思考，为转型发展做好准备。在社会经济、技术、文化持续发展的环境下，实体零售企业要想成功转型就必须对客户进行细分，做好全渠道服务体系与平台服务体系的构建工作。另外，近几年，跨境电商与海淘得到了迅猛发展，产生了综合边际效益。一些实体零售企业为了拓展盈利渠道，对资源进行有效整合，开始尝试发展跨境电商与海淘。

零售企业要想在互联网竞争中取胜，就要为客户提供新价值，而零售业与互联网对接转型的目的就是开发新的价值体验，满足客户不断升级的需求。实体零售企业的这种转型不仅包括变革购物、休闲方式，还包括推动物流服务变革。为此，物流企业要利用互联网改进自己的服务，实现转型升级；零售企业要重新确定自己的服务定位，重新对客户群体进行细分，创新经营理念，产生新的经营价值。

零售行业与物流行业重新定位主要体现在以下几个方面。

（1）转变传统的商业定位，以互联网商业、智慧商业、移动商业为新的定位方向。

（2）店铺定位从单一性、倾向性转变为交叉融合、内部细分；商品定位转向国内商品、海外商品兼营，多档商品共存；目标客户群体定位转向老中青兼顾。

（3）从关注商品售卖转向人群经营，摒弃产品导向，转变为人群导向。

（4）零售企业有针对性地为消费者提供定制化服务，使传统零售行业、物流行业的经营范围与规则发生较大改变，零售商开始关注小众化市场，零售业与物流业开始引入 VIP（贵宾）机制，实体零售店对 O2O 模式的探索进入一个新阶段。

（5）实体零售企业开始利用“粉丝”经济开展运营活动，在平台和会员运营体系的支持下，“粉丝”开始成为新实体零售的目标客户群。

• 未来方向：零售业态的发展趋势

为了实现“多快好省”，不少新零售业态都在积极探索。

在社会发展的不同时期，人们的消费需求呈现出不同的特点，比如在供给不足时对“多”存在重点需求，现如今，年轻人更注重消费的“快”，所以，很多企业都在便利店领域展开布局，通过这种零售业态吸引消费者、提高用户黏度。

在后续发展过程中，新零售业态将满足消费者的多元化需求，不断提升人们的购物体验，其发展方向如下。

（1）便利店就能买到质优价廉的商品。

在理想状态下，便利店也能像大超市那样向消费者提供质优价廉的商品，甚至可能比超市更具竞争力。同时，利用网络平台的线上支付功能，消费者完成支付后还可以继续下单。

（2）O2O 平台远程下单。

对于没有在超市内进行陈列的商品，消费者可以通过线上平台购买。线上平台能够展示更加丰富的商品，为消费者提供更加多元化的选择。

（3）到便利店自提。

产品到货后，消费者能够收到 App 的提示信息，以自提方式完成取货。便利店能够将产品的到店时间控制在 30 分钟以内，上班族在返程途中下单，回家路上就能进店自提。如此一来，所有 App 中展示的商品，都可以通过到店自提方式提供给消费者，消费者无须考虑店内是否有存货。另外，便利店配置了完善的商品存储设备，满足各类商品的存储需求。

菜鸟驿站是这方面的典型代表。驿站的运营，能够解决淘宝的终端配送问题，让消费者通过到店自提方式完成取货，在不增加物流成本的同时，及时将商品送达消费者手中。

（4）便利店店员提供在线服务。

便利店店员在进行线下推广的同时，为消费者提供在线服务。利用商户版 App，店员能够获取门店相关的宣传资料，在此基础上选择合适的方式面向社区居民进行线下推广。除此之外，对于通过扫码方式连接到 O2O 平台的消费者，店员可以与他们展开即时性互动，在这个过程中，店员可以对消费者的需求进行把握，在此基础上为其提供相对应的产品，促进用户转化。

（5）进一步降低售价或提升服务品质。

随着新零售的加速运转，企业经营过程中获得的利润也开始增加，而要获得长远的发展，就要将这些利润适当返回给消费者。在具体实施过程中，企业可以选择降低商品价格，或者是优化相关服务，更好地满足消费者的需求，提升其购物体验。

综上所述，如果能够将便利店自提模式、大卖场与 O2O 平台运营模式相结合，就能有效提高零售业态的运营效率。在市场运营前端，可通过便利店为消费者提供服务，大卖场作为中间环节，能够为消费者提供限时配送服务，不会给便利店造成库存压力。在这种模式下，运营方无须在物流配送环节耗费大量成本，就能让消费者通过自提方式获得多样化的商品及优质的服务。

第三节　场景重构：新零售重塑“人货场”

● 新零售环境下，重构“人货场”

关于零售行业未来的发展，实体零售企业与电商企业都有自己的见解，企业要除去主观臆断的因素，一切都要站在消费的角度考虑，因为消费决定需求。未来的消费需求将呈现出多元化、个性化、迅速迭代的特点，会催生一个大规模、小众化的利基市场，需求的“长尾”将越来越长，形成一种全新的长尾形态。届时，企业不能再以某个消费群体为目标客户，而是要精准定位每一位消费者，有针对性地为其提供商品，实现“一人一品，一品一策”，让消费者的个性得以充分释放，实现人人崛起。

在新零售环境下，人、货、场三要素都将得以重构。

1. 精准“画像”消费者

未来，零售不只是一个满足消费的过程，还是一个创造消费、复制消费的过程。站在商家的立场来看，用户是数字化的集合体，对于商品设计者和生产者来说，数据将成为最重要的依据。通过数据整合与分析，商家可精准“画像”消费者，对潜藏在其中的信息进行充分挖掘，以设计、生产出符合消费者需求的产品。

未来，产销将实现一体化。零售企业根据数据可为用户提供定制化产品和服务，满足其需求。每一件商品都能成为一个超级 IP，商品在生产过程中就已有了消费者，通过零售渠道的价值传递刺激消费者产生新的购买冲动，从而克隆出更多消费者。

随着新兴消费者群体的出现，市场将成为以数字经济为基础的统一市场，过去在地域和营业时间基础上形成的传统商业逻辑将被彻底打破，算法将成为零售企业的核心竞争力，也就是在数据的基础上形成的编程能力和云计算能力。在这种市场环境下，消费者将向企业提供自己的个人数据信息，也就是消费者会在不同超级链接端口体验产品或服务，为体验评分，为体验买单。在此情况下，数据不仅为生产赋能，也为消费赋能。

2. 产品 IP 化

新零售环境下企业将形成以“用户”为中心的商业逻辑，构建起“IP + 用户 + 商品”的社会化链接，推动产品实现 IP 化。在物质丰盈时代，消费者不仅追求使用价值的满足，更看重情感体验的满足。消费者开始寻求符合自己内心需求的情感体验，以获得满足感、愉悦感。在这种情况下，消费链条从“人找商品”变成了“商品找人”。因为在 IP 的作用下，商品会拥有更多价值内涵，被这个 IP 吸引的消费者拥有共同的认知，消费者在尚未接触这个 IP 之前并没有购买需求，在接触这个 IP 之后购买需求被激发，转化率、客单价、购买频次均得以大幅提升。

褚橙上市之后频出火爆抢购场景。用户抢购褚橙只是因为褚橙天然、健康、无污染吗？市面上拥有类似特征的橙子比比皆是，有些甚至无人问津。归根结底，用户抢购的不是橙子，而是褚时健的橙子。

用户抢购褚橙，体验的是“品褚橙，任平生”的情怀及褚时健以七八十岁的高龄从头再来、坚韧不拔的创业精神。在这些精神的作用下，褚橙不再是普通的橙子，成了一个超级 IP，实现了 IP 化，带给消费者无限联想。即便不是橙子爱好者，在这些联想的刺激下也产生了消费需求，由此，产品就拥有了附加值。

3. 场景革命

渠道上的各个消费场景，线下的百货公司、购物中心、便利店、大卖场也好，线上的网上商城、网络直播也罢，抑或各种移动设备、VR（虚拟现实）设备、智能终端等都成了消费场景。

在这种消费场景下，消费者数据可以实时上传到云端，数字化技术将线上、线下连接在一起，碎片化消费场景（虚拟的或现实的）与各个消费环节实现了深度融合。在此形势下，消费者打破了时空限制，商品打破了形式、种类和数量等方面的限制，消费者体验与商品交付形式打破了物理形态限制，让消费者随时随地购物成为可能。

● 新零售对生活场景的颠覆与重构

着眼于传统零售的角度来分析，在以往的发展过程中，以家乐福、沃尔玛为代表的零售企业就开始通过客户关系管理系统（CRM）、企业资源计划系统（ERP）对用户的消费信息、自身运营信息等进行收集与分析，在此基础上制订合理的采购计划。

之前，企业对CRM、ERP的应用主要局限于内部运营管理过程中，在移动互联网时代下，企业在原有基础上实现了运营升级，用现代化的客户经营模式来代替传统模式下的客户管理，并提高了客户在企业经营过程中的参与度。

在传统的客户关系管理模式下，零售企业主要通过信息技术来加速自身运营，随着移动互联网的高速发展与普遍应用，企业开始注重与客户之间的互动，旨在提高营销针对性，提升消费者的体验。

大数据、智能技术的普遍应用能够给企业的决策提供准确的依据，帮助企业优化供应链运营模式。另外，企业的客户在扮演消费者角色的同时，成为经销商，参与到企业的经营中。由此可见，新零售是对传统零售的改造升级，相较于后者，新零售体现出明显的数据化、智能化、网络化特征。

在新零售模式下，人们生活中的场景会发生怎样的变化？在这里用具体的场景来进行展现。

（1）传统模式下，商家要想获取会员用户的信息，只能依靠销售人员对消费者的姓名、性别、经常购买的商品、偏爱的款式等基础信息进行记忆，这需要消耗大量的精力。商家推出App或公众号之后，则可在用户授权的基础上简便、快捷地获取其数据信息，并将其传送给店内的销售人员，且不会给用户造成干扰。由此可见，新零售通过运用大数据技术，能够用人工智能代替传统的人力劳动，实现智能化与网络化运营。

（2）传统零售的经营是围绕业主本身展开的，不同门店、品牌之间是相互独立的，新零售则能够改变这种状态。

传统零售模式下，消费者在某家店内获得的积分，只能在这家店里发挥效用。新零售模式下，可能整个商场内的所有门店达成了联盟，消费者在其中一家店里获得的积分，能够在其他门店中使用，不存在商家之间的隔阂。

新零售能够打破各个门店之间的孤立状态，在获取与分析消费者数据的基础上对其行为进行引导。商家可通过参与商业联盟，在保障自身权益的基础上，帮助其他商家引流，并得到相应的回馈，实现共同发展。

（3）新零售模式下，餐厅可能出现如下场景：店内除了后厨之外没有其他工作人员，消费者进店之后可通过扫码方式在网络平台自助点菜、下单，并实时了解所点菜品的出餐情况，在菜品制作完成后，可根据手机提示到厨房门口取餐。

这种餐厅能够让消费者以自助方式点餐、结账，他们只需关注餐厅的公众号就能实现与餐厅运营之间的连接。在具体运营过程中，餐厅能够进行如下操作。

★借助网络平台对用户的数据进行获取，分析用户进店消费的频次，在此基础上判断用户的属性，实施精细化用户管理。

★通过自己的平台与客户实现连接，降低对大众点评、美团等第三方平台的依赖性。

★及时将资讯发送给消费者，还能获取消费者的反馈信息，据此对自身的产品进行完善，使其更符合消费者的需求与偏好。

★餐厅增设新门店，或迁移地址后，能够通过网络渠道及时告知消费者，且无须消耗大量成本。

★能够让消费者参与到自身经营过程中。消费者中意店内的某个单品时，可通过单独订购方式获得。在具体运营过程中，商家要掌握足够的数据资源，通过进行数据处理，挖掘消费者需求，据此进行信息推送，开展精准化营销。通过向消费者持续提供优质内容，商家能够加强与消费者之间的沟通互动，使自己的产品融入消费者的日常生活中。要做到这一点，商家就要积极拥抱互联网，并开通线上支付功能。

（4）至于半成品产品经营与销售，商家需要向消费者提供配送服务，并上门安装，与此同时，要完善自身的售后服务系统，并对消费者的意见，反馈进行收集，相较于传统零售，新零售在这方面更具优势。

电商企业能够充分发挥互联网平台的优势，给传统零售做出良好的示范。具体而言，商家可通过网络平台与消费者保持联系，消费者下单之后能够随时查询货物配送进度，并了解安装人员的相关信息，不仅如此，商家可以给消费者提供额外服务，比如有些消费者在安装完家具后想在墙上装订挂钩，安装人员可以代劳。

商家通过向消费者提供人性化的服务，促进与消费者之间的沟通互动，增进彼此之间的情感交流，改变传统模式下简单的交易关系。相较之下，传统零售更加注重售前环节，注重导购与目标消费者进行面对面的交流，轻视了售后服务的提供，新零售则可利用网络平台解决这个问题。

（5）伴随着经济的快速发展，市场上的商品种类越来越丰富，在增加消费者选择的同时提高了其决策难度，在这种情况下，有些品牌投入巨资进行产品推广，旨在吸引消费者的注意力。

在应用先进技术手段的基础上，新零售能够根据消费者的需求为其提供针对性的参考意见。例如，消费者到服装店买衣服，在迈进店门口时，店家安装的三维智能感应器就能获取其相关信息，包括性别、身高、体重、年龄等，据此指导消费者到相应的服装区域，并针对其身高、体重推荐相应的服装搭配，帮助消费者节省更多的时间与精力，比如指引年轻的女士到女性新品区，指引带孩子的家长到童装区域等。

这种互动方式不仅能够让商家掌握消费者的相关数据，还能够为消费者挑选商品提供科学、合理的参考建议。由此可见，新零售是围绕客户需求，借助互联网大数据技术为消费者提供导购服务，这种服务不存在品牌方面的限制。

在新零售模式下，商家的数据获取工作不会给消费者带来干扰，能够在把握消费者相关信息的基础上为其提供产品与服务，与销售人员使用的人工智能技术进行搭配形成系统化运营，同时帮助管理人员提高决策准确性，对传统零售场景进行改革。

新零售是对传统零售的网络化、智能化与数据化升级，可用如下具体场景来说明：某酒店能够在获取消费者相关信息的基础上，判断消费者偏爱的服装品牌，并将该品牌的服装摆到酒店房间的柜子里，消费者可使用手机扫码进行购买，无须为远行准备太多的行李。

商家也能够节省租金成本，直接利用酒店的衣柜向消费者推荐自己的产品。除此之外，如果消费者中意酒店中的其他物品，也可以直接购买。

- **电商零售与传统零售的融合之道**

1. 融合的心态

对于实践O2O模式的商家而言，重要的是线上渠道与线下渠道之间的融合，而不是其中某个渠道的运营。换句话说，商家在运营过程中，要紧紧抓住不同渠道之间的交互方法，将线上线下的运营结合起来。在新零售时代，很多互联网电商企业开始在线下渠道展开布局，其具体运营方式如下。

（1）联合营销。

阿里巴巴创立的电商大促节日“双十一”是这方面的典型代表。由商家主导创立节日的现象十分普遍，体现出商业发展与文化之间的关系，比如西方的情人节，这些活动的流行与商家的主导及参与密切相关。

（2）线上线下借力交易。

如今，很多企业允许消费者到实体店进行体验，在网络渠道下单。比如，不少手机品牌采用这种经营方式。这类企业开设了线下体验店，消费者可以进店体验，感受产品的质量、功能属性，对产品满意则可通过网络渠道下单。

（3）流程优化模式。

企业通过线上渠道和线下渠道形成完整的服务流程，部分流程通过线上渠道完成，部分流程则通过线下渠道完成。例如，线上支付在今天的应用已经十分常见。无论是到餐馆就餐、超市购物，还是到酒店住宿，都可以用微信、支付宝支付，代替传统模式下的现金或刷卡支付。

（4）管理优化模式。

利用网络平台进行信息化管理，比如实体连锁店借助线上渠道，实施统一管理，为客户提供更加专业的服务。

（5）在数据获取与分析的基础上实施精准化营销，将线上线下运营融为一体。

新零售时代，企业可实现线上线下渠道的结合运营，在这个过程中，经营者要及时转变心态，正确对待两者之间的关系。

电商与实体零售之争是人们的关注焦点，业内人士曾以为线上与线下是完全对立的两种状态，要么线上压倒线下，要么线下称霸市场。但经过一段时间的演变与发展，线上与线下之间的竞争状态开始趋于缓和。企业逐渐意识到，无论是线上还是线下，都不能将另一种运营方式从市场上完全驱逐出去，线上线下之间的发展开始趋于融合。实体零售企业开始积极运用网络信息技术，互联网企业也开始在线下渠道展开布局，两者之间开始求同存异，共同发展。在这方面具有代表性的有苏宁联手阿里巴巴，沃尔玛联手京东等。

2. 突破传统

不同的时代有着不同的发展使命。新零售时代下，企业通过与互联网结合发展，推动传统零售的改革与升级，用人工智能代替传统的人力操作，实现了更大范围内的资源调度，并突破了行业之间的边界，其经营也不再受传统时空因素的束缚，能够有效降低整体的运营成本。

传统零售在经营过程中存在很多固化成本，容易产生不必要的资源浪费。新零售依托互联网，将线上与线下渠道的运营结合起来，促使商家进行改革，颠覆以往的产业链价值、生态系统组成方式。在这样的时代背景下，企业能够突破传统思维的束缚，通过实施改革实现资源的充分利用及优化配置。

3. 合作才有进步

随着时代的进步，虚拟与现实之间的边界逐渐被打破，两者之间的结合发展，也给人们的生活方式来了很多影响。

在新的时代背景下，人们的消费习惯发生了变化，消费需求也不同以往。传统电商企业面对新零售的到来，开始尝试向线下渠道延伸，电商经营者开始树立新的理念，改革传统经营模式，积极应对市场环境的变化。

从时代发展的宏观角度来看，无论是在哪个渠道开展运营，无论是传统企业还是新兴企业，都要跟上时代的步伐，及时革新。电商已经成为传统企业，要获得持续性的发展，就要实现与线下传统实体零售之间的连接，进而达到节约资源的目的。

• 零售企业布局新零售的五大要点

2018 年 1 月，亚马逊第一家无人超市——Amazon Go 正式在西雅图开业。用户将自己手机的 Amazon Go 二维码放在门口的扫描门禁前接受扫描，扫描成功就可进入超市购物，选择商品，离开超市，无须排队结算，也无须为找零烦忧。

在此之前，亚马逊早已通过一段视频对“Amazon Go”做了介绍，这个视频一度引爆互联网。在该视频中，负责人表示Amazon Go无人超市的运转建立在一个全新的智能检测系统之上，这个系统就是Just Walk Out。

这段视频展现了一个智能的购物场景：用户安装手机版Amazon Go，使用其中的个人二维码扫描进店，之后系统会为用户配备一个虚拟的购物车，并对用户的购物行为进行记录。用户每选择一件商品，系统就会将商品名单添加到用户账户。用户购物结束离开商店，系统就会自动结算，并将结算结果以电子账单的形式推送给用户，让用户在线上完成支付。

现如今，视频展示的购物场景已经落地，吸引了很多消费者前去体验。Amazon Go的开业展现了零售业发展的一种趋势——移动互联网与线下门店融合。随着这一趋势深入发展，未来，零售业将发生何种变革？

对此，大卫·贝尔多年（新零售的理论先行者）认为，无论零售业如何改变，其本质不会变。也就是说，无论零售业以何种形态存在，它都要满足消费者的购物需求、社交需求和娱乐需求。

自零售业出现以来，人们的购物活动都会关注这三大需求的满足。以前，人们会和亲朋好友一起去赶集（满足社交需求），在赶集的过程中会看杂要、马戏（满足娱乐需求），会购买自己需要的商品（满足购物需求），然后回家。无论是百货商店、超市，还是综合购物中心的发展都没有离开这三大需求，互联网电商、微店亦如是。

更重要的是，这些零售业态将这三大需求更好地结合在了一起，更加提升了消费者这三大需求的满足程度。比如电商自创节日——“双十一”“618”等，这些节日不仅是购物狂欢节，还发展成了社交节、青年欢乐节。

有数据证明，2016 年我国超越美国成为世界最大的零售市场，市值高达 4.886 万亿美元，其中有 1/5 来自电商。《经济学人》预测，2020 年，我国电商的市场规模将超过美、英、日、德、法五国目前市场规模之和。另外，在移动商业领域，我国将成为世界领头人。

现如今，零售环境发生了巨大改变。在当下的零售环境中，公司必须对用户线上体验、线下体验进行整合，明确目标用户群，根据其需求有针对性地提供商品和服务，合理制定商品价格。具体来看，在新零售环境下，零售企业要想占尽先机，率先发展，必须做好以下五大要点（见图 1 – 3）。

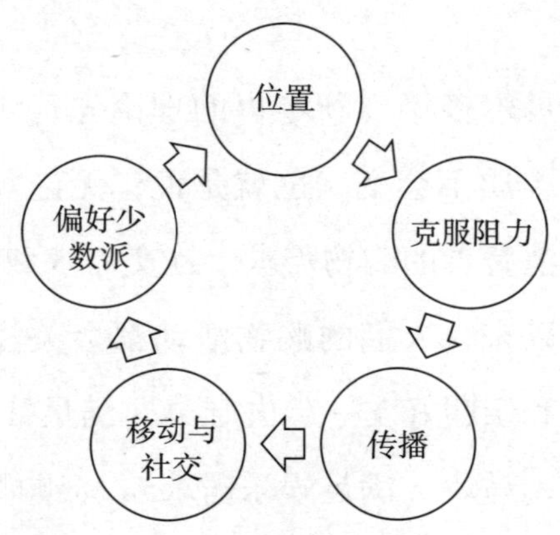

图 1 – 3　零售企业布局新零售的五大要点

1. 位置

对于新零售来说，位置非常重要，因为位置不同，消费者属性、消费者对工作环境和生活环境的偏好、消费者对零售方式的选择都会表现出极大的不同。

目前，我国三、四线城市有2.6亿消费者，相较于线下购物来说，更多人开始喜欢上线上购物。在其总收入中，线上消费开支占比较一、二线城市消费者高很多。三、四线城市消费者对线上购物的偏好为物流公司的发展提供了良好的机遇与推动力。

2. 克服阻力

在新零售环境下，零售企业的阻力主要来自两个方面，一是搜索阻力，二是位置阻力，管理者必须克服这两大阻力。

搜索阻力存在时，消费者就无法全面而准确地获取所需物品的信息。同理，如果消费者能更好地获取商品信息，就证明搜索阻力有所下降。在减小搜索阻力方面，美团、大众点评发挥了极大的作用，通过这些信息分享平台，消费者不仅可以获取最新的商品资讯，还能分享自己掌握的信息。

位置阻力指的是消费者所在位置导致他们不能很好地获取商品。位置阻力常发生在三、四线城市及乡村，因为这些地区零售市场的商品种类不齐全，消费者很有可能无法获取所需商品，所以这些地区的消费者更倾向于网购，因为通过网购他们能更直接地接触以前未接触过的商品或品牌。

3. 传播

人与人之间存在着一定的联系，所以，零售企业可利用以下两种方法在消费者之间传播信息。第一，利用人的“趋同性”来拓展新市场，人的趋同性指的是相似人群会聚集在一起；第二，通过消费者进行口碑传播，对其周边消费者的购买决策产生影响，让其产生购买行为。

4. 移动与社交

随着移动终端与社交的结合，零售行业迎来了新一轮发展机遇。相较于美国来说，我国的移动市场规模更大。近年来，随着各种社交媒体出现，我国消费者活跃于各大社交平台，形成了口碑效应，让商品在某个地区极具吸引力，进而对零售业和服务业的发展产生巨大的推动作用，这一点得到了滴滴、大众点评等平台的验证。在新零售时代，零售企业要想从激烈的竞争市场中脱颖而出，就必须明确自己的关注点，通过包装或其他方式让商品实现自我推销。

5. 偏好少数派

在新零售环境下，零售商通过满足偏好少数派消费者的需求能实现盈利。随着消费不断升级，消费者表现出了个性化需求，仅凭当地零售商提供的大众化商品，这些需求无法得到有效满足。在此情况下，一些零售商可专门为这部分消费者服务，探寻并满足其个性化需求，以拓展自己的获利空间，另辟蹊径，更好地发展。

现如今，在新零售环境下，线上与线下相融，零售商要想更好地发展必须对线上、线下进行全面部署。

第二章

升级路径：
高品质、低价格、好服务

第一节　模式升级：新零售时代的产业之变

● 新零售与传统零售模式对比分析

自马云提出新零售概念以来，实体零售企业就开始想方设法地向新零售靠拢，或发展电商，或增加体验服务。事实上，这些对新零售的探索无法帮助零售企业触及新零售，零售企业要想真正发展成新零售，还要将经营活动上升到哲学层面，将经营哲学用于实际的经营活动中就能衍生出不同的经营模式。在经营思维方面，新零售与传统零售表现出了很大的区别，新零售注重用户体验，而传统零售注重的是企业效率。

★传统零售，注重企业效率，关心自己。

★新零售，注重用户体验，关心他人。

由于经营模式不同，新零售与传统零售的价值导向不同，实施方法也会表现出较大差异。现阶段，在零售研究领域，业界人士对“到店”与“到家”问题展开了激烈争论，其观点划分成了两大流派。

一是坚持以企业效率为中心的 A 派，他们认为便利店为消费者提供配送到家服务会增加运营成本，降低门店的连带率，使店铺运营效率受到不利影响。所以，他们认为便利店为消费者提供“到店”服务即可，无须再为其提供“到家”服务。

二是坚持以用户体验为中心的B派，他们认为便利店应该增加“到家”服务，给消费者更多选择，提升用户体验。虽然这种方式可能会在短时间内导致企业运营效率下降，但随着用户基数越来越大，企业运营效率终将得以有效提升。

以长远的发展目光来看，便利店应该推行全渠道战略，发展O2O模式，为消费者提供“到店”与“到家”双重服务，提升消费者的购物体验，终会提升零售店铺的运营效率。比如，在增加“到家”服务之后，便利店的服务范围更广，可能从方圆500米扩展为方圆2千米，提升店铺人效；在为消费者提供“到家”服务之后，便利店的商品增多，不仅可以为消费者配送门店商品，还可以配送区域仓商品，提升店铺坪效。

这种围绕用户体验形成的全新的经营模式才是新零售。在实际运营过程中，新零售对“人货场”的价值进行了重构。

人是新零售的重点关注对象。新零售将用户体验放在了首位，同时兼顾企业效率，这一点对企业运营人员的智慧与能力提出了更高的要求。

★传统零售企业注重企业效率，股东优先，客户次之，员工最次。

★新零售企业注重用户体验，客户优先，员工次之，股东最次。

传统零售人与新零售人有着完全不同的价值驱动。

★传统零售人注重企业效率及自身利益，关注的是短期利益、眼前利益。

★新零售人注重用户体验，希望能为客户提供更优质的服务，关注的是长期利益、未来利益。

因此，在利益分配体系上，传统零售企业没有期权，新零售企业有期权。

零售企业要改变传统的经营模式，创造一种全新的经营模式，也就是要在“撕裂中成长或消亡”，这是新零售时代的典型特征。

- **“零售＋体验式消费”的发展趋势**

新零售注重用户体验，所以其经营模式与方法论也以人为中心。阿里巴巴前执行副总裁卫哲曾提出公式“$E=MC^2$”，其中 E 代表经济，M 代表商品，C 代表人，C^2 是引爆商业的关键。在互联网时代，如果一家零售企业在经营商品方面游刃有余，却不会经营人，就会在发展过程中遇到瓶颈，无法做大做强。

以该观点为基础，可以得出新零售的方法论，将其用公式表达就是“新零售＝商品×人^2”；用文字表述就是新零售通过商品实现人的运营，与人建立关系。也就是说，新零售运营要将人的经营视为核心。这里的“人”不只是消费者，还包括企业员工及商业伙伴。

案例一：吴晓波频道，一个极具代表性的“网红”电商，通过文章与人建立关系，吸引用户，发展“粉丝”，对“粉丝”

进行重度经营，实现各种商品的跨品类售卖。

案例二：茵曼，一个典型的O2O电商，通过商品与人建立关系，发展“粉丝”，对“粉丝”进行重度经营，比如为“粉丝”提供1亿元的创业资金。另外，其实体门店的经营范围还拓展到了童装、家具、家居用品等领域。

案例三：小米。小米通过手机与人建立关系，以高性价比获得用户认可，形成口碑营销。在小米的商业模式中经营人是获利的关键，正因如此，小米可以在手机之外推出其他品类的产品，比如充电宝、电视、插座、眼镜等，并获得不错的销售业绩。

综上，我们可以得出新零售运营的“三板斧”，一是引流商品，二是社群运营，三是增加服务内容。然而，无论是社群运营还是增加服务内容，实体零售企业都必须以互联网为工具。以社群超市为例，社群超市可以通过生鲜产品与消费者建立关系，为社区居民服务，然后通过O2O模式扩大商品品类，为社区家庭提供更优质的服务。因此，对于实体零售店铺来说，推行O2O模式，做到线上线下融合，能真正做好新零售。

近年来，我国消费者开始从“以时间换收入”转向“以收入换闲暇”，带动了一大批产业发展，比如服务、娱乐、体验消费等。这些转变表明，我国居民的生活方式发生了显著变化，服务消费占比有了大幅提升，商品消费占比不断下降。简单来说就是“零售+体验式消费”表现出了明显的发展趋势，各种零售业态都有所显现。

（1）购物中心业态。

近年来，相较于传统百货业态来说，购物中心业态的发展态势更好，其原因是消费不断升级，消费者生活方式发生了改变，越来越倾向于体验式消费，比如看电影、尝美食等，购物中心显然更能提供类似的体验式消费服务。另外在零售占比方面，购物中心有高有低，比如深圳万象城占比 67%，南京德基广场占比 55%，广州正佳广场占比 40%。

（2）百货业态。

现如今，传统百货业态已升级为百货购物中心，零售占比大多超过了 80%。

（3）超市业态。

目前，超市业态领域的“零售 + 体验式消费”最典型的案例就是盒马鲜生。除此之外，“生鲜超市 + 餐饮”模式造成了一时轰动。

（4）便利店业态。

近来，便利店正在朝“快消品 + 餐饮”模式转型，在其销售的总品类产品中，鲜食占比逾四成。

（5）实体零售业态。

为了实现新零售，很多实体零售商都选择了“零售 + 体验式消费”模式，但大部分都没有成功。方向正确，结果却惨遭失败，这种情况发生的原因是实体零售企业忽略了人的经营。具体包括：没有让商品、消费者实现数据化，没有做好消费者经营；利益分配不合理，无法吸引更多人才进入，没有做好员工经营。为此，零售企业必须牢记新零售的方法论——通过商品经营人。

传统零售围绕企业效率开展经营活动，新零售围绕用户开展经营活动，二者的经营思维不同。随着信息越来越透明，消费者掌握的消费权越来越重要，新零售时代逐渐到来。

- “零售 + 产业生态链”的发展趋势

新零售以用户为中心，关注人、经营人，这里的人包括消费者、企业内部员工、合作者。“零售 + 产业生态链”就是一种关注企业上下游合作者的经营模式。这方面有两个典型案例值得学习、借鉴：一是淘宝个体户，二是 C2B。

1. 淘宝个体户

淘宝个体户关注的是下游商家。淘宝网之所以能快速崛起、迅猛发展，并且数十年如一日维持活力，就是因为它关注个体商户的生存。在免费活动报名政策、一件代发分销系统的支持下，淘宝个体商户获得了更好的生存与发展空间。在这些个体商户的作用下，淘宝网成了一个几乎万能的购物搜索平台。

2. C2B

C2B 模式是对以往运营模式进行大力创新的结果，倡导供应商应为消费者提供个性化定制服务，并在最短的时间内为消费者提供商品。C2B 模式掀起了一场真正的革命。在 C2B 模式下，以互联网为中介，企业与市场建立了紧密连接，可以与消费者进行实时沟通、互动。C2B 成了零售企业发展的趋势。

由这两个案例可知，新零售思维就是“成就他人，才能成就自己”。

除阿里巴巴外，在“零售 + 产业生态链”方面有一个典型代表——京东商城。这两家企业的共同之处是既是零售平台，又为

“人”提供各种各样的服务，比如仓储物流、供应链金融、IT、整合营销等。

从本质上看，购物中心、超市、百货商场等零售业态就是综合零售平台，应具备为商家提供增值服务的功能。这些大型实体零售平台也要在联营模式与自营模式之间做出选择，甚至要构建一种适合自己的商业模式。“零售＋产业生态链”要想成功，就要引入平台运营思维，为此，大型实体零售企业要进行自我变革。

总而言之，零售企业要想实现新零售，就要学会通过商品经营人，围绕用户体验塑造新的经营模式，通过推行线上线下融合的O2O模式或“零售＋体验式消费”或“零售＋产业生态链”实现新零售。

第二节　需求升级：驱动新零售模式的崛起

● 回归零售本质：为客户创造价值

许多人认为，传统实体零售与电商是完全对立的，要么是电商占据市场主导，实体零售被打压；要么是实体零售占据上风，电商处于劣势。但随着零售产业生态的发展，电商与实体零售之间开始出现交集，改变了以往的生产格局，新零售时代到来。

很多事物都存在其发展规律，无论是在政治、经济领域，还是在文化领域，事物之间的对立关系都不是绝对的，同样，电商与实体零售行业之间也是如此。

电商发展的初期阶段，曾受到传统零售的排斥，后来，电商迅速在市场上崛起，并逐渐得到了消费者的广泛认可，成为许多年轻人的首选。现如今，经过十几年的成长，电商的市场接受度大大提高，在这样的大环境下，传统零售业意识到市场格局的变化，于是开始积极拥抱电商。同时很多电商企业也在积极拓展线下渠道，促进了零售业的生态改革，催生出不同以往的零售模式和零售场景，进而使整个行业的发展进入新的阶段。随着产业生态和产业格局的变化与发展，我们进入了新零售时代。

在新零售时代，互联网从业者应该对市场发展的总体趋势进行把握，积极推动传统企业的改革与发展。

在初期发展阶段，通过线上渠道开展运营的电商分割了线下零售的利益，给传统实体零售的发展带来巨大冲击，于是两者之间相互竞争，在市场上展开较量。线上与线下之间的比拼，虽然可以让消费者从中获益，但不可避免地出现了资源浪费的情况。市场的调节作用促使线上与线下消除传统的对立状态，积极发挥互联网技术、互联网思维和互联网文化，对传统企业进行转型升级。

为适应人们生活方式的变化，零售产业更应该积极实施改革，通过转型升级步入新零售模式，顺应时代的进步与发展。

电商与传统零售之间从竞争走向合作，将持续为客户创造价值，推动整个市场的变革，在这个过程中，实力雄厚的企业要充分发挥带头作用，当然诸多传统企业与互联网企业也要积极参与及共同努力。随着现实与虚拟之间的边界逐渐模糊，消费者的生活方式也会呈现许多新的特点，从而进一步推动新零售的发展。

网络信息技术、人工智能技术的普遍应用，加上社会经济水平不断提高，将进一步推进行业的变革，且变革进程将持续缩短。面对瞬息万变的市场环境，无论是传统企业，还是互联网企业，都意识到了改革的重要性，开始在市场的推动作用下走向结合化发展之路。

因此，在新零售时代，许多传统企业在消费者的见证下改变了原有的商业模式，推出了新的零售业态，在这个过程中，企业要恪守这样的规律：要为客户创造价值，从而立足于市场并获得长期发展。

当企业意识到自身的价值创造力不足时，就应该主动寻求与外界资源或相关要素的合作，持续不断地向客户提供价值。在新零售时代，企业要围绕客户开展运营，重视对数据资源及相关技术的应用，提高自身的开放程度，积极转型升级。

• 消费者需求：追求“多快好省”

与传统零售行业一样，新零售的参与者也包括供应商、零售商与消费者。伴随着互联网及移动互联网的高速发展与普遍应用，供应商、零售商及消费者可以通过网络平台进行沟通互动，在这个过程中，互联网平台会为三方参与者提供信息交流所需的服务。

在电商行业发展初期，“60后”和“70后”为国内市场的消费主力军，现如今，“80后”与“90后”甚至“00后”逐渐成长为消费主体，虽然主体发生了变化，但他们的消费需求仍然不外乎于四个方面：多、快、好、省。

1. 多

通俗而言，零售就是经营商品，零售运营的前提是能够给消费者提供其所需的商品。

这里的“多”并非是指商品数量多，而是更多地满足消费者的需求。如果企业能够在减少商品数量的基础上，对接消费者更多的需求，就能减少总体的成本消耗，突出自身的竞争优势。

（1）旧零售时代。

电商行业刚刚兴起时，市场供给比较有限，区域性商品比较稀缺，流通难度大，价格较高。部分经济实力稍高的人，会在好奇心理的驱使下进行消费。在这个时期，手机、服装、化妆品等能代表个人身份的产品开始经由线上渠道大量推向市场。

此时，“多”的优势主要体现在，能够给消费者提供更加丰富的选择。如此一来，消费者就会对不同品牌、不同价格的商品进行对比，最终选出质优价廉的商品。

（2）新零售时代。

随着房价、租金的攀升，很多消费者的居住空间被压缩，不能再随意添置物件，于是很多商品失去了稀缺性价值。在这样的时代背景下，人们开始崇尚简约主义，相较于数量，消费者更加注重商品的质量。希望自己买到的商品能够体现自己对待生活的态度。

2. 快

“快”是指及时、便捷、距离近，节省时间与精力。

（1）旧零售时代。

在进入21世纪之前，整个社会的生活节奏相对较慢，多数中小城市的生活比较轻松自在。因此当产品难以同时具备“多快好省”的特征时，大部分商家会忽略掉“快”。因为消费者不缺时间。

（2）新零售时代。

在经济快速发展的今天，新一代消费者的需求已经产生了革命性的变化。以生鲜水果产品为例，调查结果显示，很多家庭消费者，特别是已经有孩子的家庭，会选择在周末买齐一周所需的生鲜水果。另外，很多尚未组建家庭的年轻消费者，倾向于在外面就餐，而不是自己下厨做饭。这也是近年来许多大型购物中心、快餐店、外卖迅速发展的重要原因。不过，由于大型购物中心商品售价高于普通超市，人们的消费频率通常较低，可能是每周去一次，或者每月去一次。

在新零售时代，生活节奏的加快让人们的时间变得越来越珍贵，催生了一些零售新业态，具体包括以美国 Trader Joe's 为代表的杂货连锁店、以百果园为代表的生鲜社区水果店等。对很多年轻消费者来说，工作占据了他们的大部分时间，下班后可用的时间并不多。

3. 好

商品质量是消费者关注的重点因素，忽略掉价格因素，品质越高，消费者越向往。

（1）旧零售时代。

通常情况下，产品质量越高，价格也就越高。所以很多企业会重点突出自身产品的高性价比特点。

除了产品本身之外，相关服务也要“好”。比如，店员态度要良好，门店采用的陈列方式、包装方式等都要体现商品的良好状态。

（2）新零售时代。

随着社会经济的发展，人们的消费能力与消费水平逐渐提高，拥有了更多的消费自由与选择。部分消费者在购物时只关注质量而不再看重价格。但大部分消费者仍然会考虑商品的价格因素，在激烈的市场竞争中，那些性价比高的商品显然更具优势，很多超出消费者接受能力的商品则很快被市场淘汰出局。

对于生鲜产品，之前人们只关注产品的安全性及价格因素，如今则更加注重产品的质量、营养价值，以及产品消费的便捷性。

除了商品本身要“好”之外，商家要为消费者提供优质的购物体验。消费者到商场购物时会逛街，目的是放松身心，享受生活的乐趣与购物时美好的体验。在移动互联网时代，很多人活跃在社交平台上，不少人喜欢将生活照上传到网络平台，要想吸引消费者的目光，还要注重店面设计。

4. 省

若商品能够满足自身需求，且质量过关，消费者就会对同类商品进行对比，在这个过程中，商品价格是他们最关注的因素。

（1）旧零售时代。

消费者通过以下两个途径来降低购物成本：在同类商品中选择价格低的；针对同一商品，选择售价低的零售商。

（2）新零售时代。

随着社会经济的发展，人们的消费水平及消费能力不断提高，相较于价格因素，消费者更注重产品的质量。在这种情况下，制造业面临的市场竞争越来越激烈，很多企业被竞争对手超越后，就可能面临被市场淘汰的风险。

不过，随着信息技术的发展及普遍应用，供应商与零售商的管理能力显著提高。在电商行业快速发展的今天，多数企业即便被竞争对手超越，也能够立足于市场。另外，很多同款商品在不同地区都实行统一售价，无须再进行比价。

在这方面最具代表性的当属小米。小米在运营过程中重点突出产品的高性价比特征，让普通消费者也能够买得起性价比高的手机产品。但随着经济的持续发展，消费者对产品质量的要求会不断提高，小米要想获得更加长远的发展，就要以苹果为目标，打造极致化产品。

若新零售业态能够对接消费者的多元化需求，就能在市场上快速崛起。这种新型业态不仅要给消费者提供优质的商品，还要满足其体验需求，能够以消费者接受的价格为其提供服务。由于年轻消费者的时间有限，企业要满足他们对便捷性的需求。近两年，阿里巴巴旗下的新零售业态盒马鲜生受到众多消费者的追捧，有的地区甚至出现了“盒区房”，就体现出年轻消费者对购物便捷性的要求正逐步提高。

- **供应商需求：改善自身盈利能力**

与零售商相比，供应商的目的同样是获取利润，为此，供应商不仅要保证产品的正常生产、顺利销售，还要注重、提高自身的盈利能力。供应商的需求如图 2－1 所示。

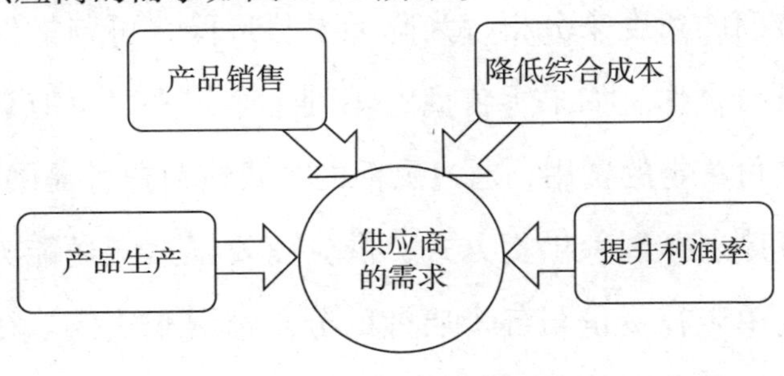

图 2－1　供应商的需求

1. 产品生产

生产厂家主要负责产品的生产，零售商在其中发挥的作用比较有限，不做重点分析。

2. 产品销售

在产品销售环节，零售商要想提高产品的市场接受度，就要根据市场需求进行产品采购，并合理制定产品价格。

如果供应商可以根据订单安排产品生产，就能够解决上述问题，也不会出现供应商生产超过市场需求的情况，能够有效降低企业的风险。

3. 降低综合成本

在开展实体零售运营的过程中，品牌供应商需要在引进原材料、产品生产、物流运输、仓储、配送、促销等环节提供足够的成本支持。

供应商需通过优化自身管理来降低原材料成本与生产成本。此外，如果能够实现精准补货，就能降低物流环节的成本消耗。在补货环节，有的零售商选用批量到仓模式，有的零售商采用直接到店模式，无论哪种方式，都有赖于供应商提前预测补货量。能够做到这一点的供应商，就能有效减少退货现象的发生。

从供应商的角度来分析，为降低退货风险，可与能够买断包销的零售商进行合作。如果零售商达不到这个水平，也应该要求其按照销售量交付一定的费用，通过灵活的方式给消费者提供补贴。

至于具体选择哪种供货方式，供应商要根据配送能力，综合考虑零售商的单店补货量与各个店铺的分布情况来决定。在充分利用社会化物流的基础上，建议采用直接到店补货模式。

4. 提升利润率

利用电商渠道，有些品牌供应商在进行供货的同时，入驻了以天猫、京东为代表的主流平台，开展线上的产品运营，然后根据销售情况向平台支付费用。

如果品牌供应商拥有多元化的产品线，也可以在线下渠道开展直销，通过这种方式增加利润所得。但要达到这个目的，供应商就要提高其特定区域内的经营效益，否则会出现成本消耗大于经营收入的情况。

- **零售商需求：提升整体运营效率**

从零售商的角度来分析，其开展商业运营的目的是获取更多利润，为此，零售商需要完善供应链系统、开展营销活动。零售商的需求如图2－2所示。

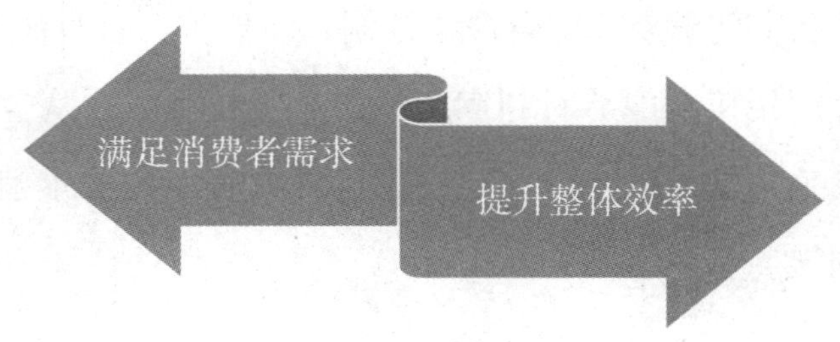

图2－2　零售商的需求

1. 满足消费者需求

如前文所述，零售商要满足消费者需求，为消费者提供良好的购物体验，就要实现“多快好省”的目标。

传统模式下，商家围绕商品本身开展运营，但在新零售时代下，商家需转变思维，将消费者放在核心地位，在确定目标消费者的基础上，为他们提供所需的产品和服务。

实体店在运营过程中常面临客户流失严重的问题，部分门店甚至未建立会员体系。通过开展线上运营，门店则能够以数字化方式来处理用户信息，通过开展用户运营提高用户留存率、促进用户转化。

2. 提升整体效率

大部分情况下，从工厂生产出来的商品，要经过零售商，才能到达消费者手中。由此可见，要想提高整体运营效率，就要加速零售商的运营。

通常情况下，零售商的运营过程包括三个环节：商品供应、商品仓储，商品销售、电商企业还要进行物流配送。在整个运营过程中，零售商要对供应环节、仓储环节、商品运营环节及物流配送环节实施相应的管理。

如果零售商能够实现综合成本控制，就能扩大自身的利润空间。另外，资金周转速度能够对利润所得产生直接影响。从这个角度来说，要提高整体运营效率，既要减少运营过程中的成本消耗，又要加速资金周转。

第三节　渠道升级：推动线上线下深度融合

• 线上渠道：流量红利日渐消退

无论是实体零售店，还是线上电商，仅通过自身所在渠道开展运营，很难实现“多快好省”，满足消费者的多元化需求。

线上渠道要靠长时间的物流进行商品配送，其优势主要体现在：“多”、“省”及“好”上。相较于实体店，电商平台能够给消费者提供更多的选择，且商品价格更便宜。另外，电商平台十分注重诚信，能够为消费者提供优质的商家与产品，对应“多快好省”中的“好”。

与实体经营相比，线上运营无法满足消费者的体验需求。但近年来，通过强化物流建设，电商经营缩短了物流配送所需的时间，能够为消费者提供送货上门服务，从而在一定程度上弥补了体验需求无法满足的缺点。

同时，在主流电商平台上，商品的丰富程度及价格都比线下实体店更具优势，随着电商物流运营效率的提高，线上运营也逐渐能够满足消费者对即时性的需求。

面对电商行业快速发展带来的挑战。一些实体零售商缺乏集中性，由于不注重建设信誉体系，在质量方面也存在很多问题，出现滥竽充数的现象。在市场的主导作用下，这些实体零售商被淘汰出局，一些优秀实体零售商还被殃及。中关村电子城由繁荣走向萧条就说明了这个问题。

另外，在营销人效方面，线上渠道比实体零售更具优势。电商运营不受租金成本、人力成本上涨的影响，在这种情况下，电商经营给线下零售的发展带来巨大冲击，使传统实体零售陷入困境。

不过，局限于线上渠道的电商运营在发展过程中也面临着流量红利丧失、物流成本上涨等问题带来的挑战。为了减少在流量获取方面的成本消耗，以京东、淘宝为代表的电商企业充分发挥了互联网平台的优势，通过个性化推荐、信息推送等方式吸引用户点击；为了减少在物流环节的成本消耗，电商企业从仓储、分拣、配送等各个方面入手进行成本控制。

京东在后期发展过程中，由最初的B2C商城过渡到平台化运营，通过与供应商、经销商合作来降低自身的流量成本与物流成本。与此同时，平台进行规模化流量引进并实施集中管理，从而进行成本控制。

除了从单笔交易上降低成本之外，电商企业通过加快存货周转、资金流转等方式来进行成本控制。为进行流量转化，电商企业联手媒体平台，对人们的消费心理及消费行为进行引导，并推出灵活的付款方式。然而，在向“多快好省”方向发展的过程中，电商企业所消耗的成本依然越来越多，电商企业也逐渐遇到了发展瓶颈。

- **线下渠道：成本不断上涨**

实体零售商从初期的社区小店迅速发展到大卖场形态。由于社区小店商品供应有限，且大卖场能够凭借渠道优势降低价格而在市场上占据主导地位，最终不少杂货铺、专卖店被市场淘汰。

随着社会的发展，商品的稀缺性特征不再明显，与此同时，人们越来越注重即时性消费，在此需求下，便利店重新在市场上崛起，主营食品的便利店发展得尤为迅速。

与其他零售业态相比，大卖场的优势集中体现在“多”和“省”上，通过在采购环节进行严格把关，这种零售业态能够在一定程度上做到“好”，不仅如此，大卖场在开展商品运营的过程中会实施单品战略，也能够保证产品质量，但由于大卖场距社群通常较远，无法满足消费者对于“快”的需求。

而在“快”方面具有明显优势的当属社区便利店，与线上电商相比，很多社区便利店全天候营业，能够满足周边居民的即时性需求。可以说，在“快”方面，便利店比所有电商都更具优势。电商运营要想缩短配送时间，就要面临高昂的成本支出，但便利店通常在距离居住区 10 分钟路程范围内。

大多数便利店每天都要补货，物流成本比较固定。便利店也可以实施到店自提模式，在不提高物流成本的基础上，缩短商品到达消费者手中所需的时间。便利店还可以用有限的成本，实现 500 米内上门送货，这种时间优势显然是电商难以企及的。

不过，便利店的运营也面临如下两方面的挑战：一方面，由于空间有限，店内商品数量较少，无法做到“多”；另一方面，为了提高坪效，商品价格通常较高，无法做到“省”。

大卖场可尝试通过压缩空间、优化动线的方式来解决“快”的问题，也可以采用自助结账与线上支付相结合的方式帮助消费者节省时间，但仍然无法与便利店的“快”相提并论。正因如此，在明知道便利店的商品价格高于超市的商品后，仍然有很多年轻的消费者选择到便利店而不是超市进行消费。

为了做到“快”，线下零售要保证在 30 分钟内完成送货上门，或者鼓励消费者到店自提。如果配送时间达 30 分钟以上，则会降低消费者的整体购物体验。30 分钟以内送达是比较合理的，年轻的消费者从公司赶往家中的路上下单，到家后接收商品。

线下零售面临如下挑战：房租、人力成本持续上涨。为了维持自身的生存，门店必须提高坪效与人效，才能覆盖增加的成本。在这方面，盈利能力比较高的电商平台，比如阿里巴巴，其人效明显超出线下零售店。

- **新零售渠道：技术打破渠道边界**

现如今，人们的消费需求已经发生了变化。美国南加州大学教授伊丽莎白·科瑞德·霍凯特认为，在不同时期，人们的消费特点是不同的，按照他的观点，人们的消费共包括三个时期。

实物消费为第一个消费时期，在这个时期，人们进行消费的目的是满足基本生活所需，比较注重商品的物理属性，例如，消费者买包，是为了装东西，消费的就是商品本身。

炫耀性消费是第二个消费时期，在这个时期，人们更加看重商品及品牌背后的文化内涵，除了商品本身的物理属性之外，消费者会对品牌价值及其传达的文化理念进行考量，并希望自己能够通过消费行为，向外界体现自己的社会地位与格调。

例如，消费者购买苹果产品，买奢侈品包、服装及名牌化妆品等，都是为了体现自己的社会地位，表明自己拥有购买昂贵商品的经济实力，相比之下，商品的价格、物理属性等并不是影响其消费决策的主导因素。

无形消费为第三个时期。伴随着社会经济的发展，人们的物质生活水平逐渐提高，消费升级随之出现，无形消费将逐渐取代炫耀性消费。对国内消费者而言，从传统的购物中心，到后来的网购，人们在注重商品性价比的同时，更加注重消费体验。

伴随着新消费阶层的崛起，加上年轻消费群体成为社会消费的主力军，人们的消费观念已经不同于以往，商品价值成为影响人们消费决策的重要因素。这说明国内市场的需求已经发生了变化，消费升级时代已经到来。

消费升级促使供给端发生变化。从本质层面上来分析，零售就是向客户销售产品，近年来，零售供给端正在实施改革，其影响可堪比互联网购物对传统零售业的影响。从供给效率方面来分析，新零售能够实现线上线下渠道的一体化运营，加速整个供应链的运转，在获取消费者信息的基础上，提升物流效率，改革传统业态结构，进而整体推动零售企业的经营与发展。从需求方面来分析，零售企业要在把握消费者需求的基础上，将产品融入特定的场景中，在运营过程中进行业态改革，不断提升用户价值。

以前，企业很难全面掌握消费者的相关信息，只能通过满足消费者的体验需求来开展自身经营，并尽量在靠近消费者居住地的地方开店。互联网时代，商家则能够全面获知消费者的相关信息，利用大数据技术开展精准化营销。不仅如此，商家还能够为消费者提供优质的体验服务，更具优势。

现阶段，无论是实体企业还是线上企业，在经营过程中都存在不足。具体而言，实力型互联网企业垄断了大部分线上资源，实体企业则面临互联网企业的冲击，如果没有独特的资源优势很难在市场上立足。在这种情况下，这两种类型的企业都有必要依靠先进的技术手段进行渠道拓展。新零售企业能够将线上渠道与线下渠道之间的运营结合起来，通过改革传统业态实现资源的整合利用与优化配置，在此基础上为零售业的发展注入新的活力。

从根本上来说，新零售是在需求升级的环境下诞生的，作为一种线上线下相结合的新兴业态，新零售可以向消费者提供质优价廉的商品并满足他们的个性化需求。日本瑞穗信托银行的研究结果表明，我国的社会消费品零售总额将超过美国，这足以说明中国零售近年来取得的瞩目成就，在今后的发展过程中，新零售蕴藏的价值将得到进一步的开发。

- **全渠道零售：渠道融合运营法则**

电子商务的快速崛起，给传统零售业带来了一系列负面影响，消费者热衷于通过智能手机随时随地在线购买，并享受方便快捷的送货上门服务，导致很多实体零售连锁品牌不得不关闭部分门店，以便降低运营成本。当前，传统实体零售门店面临的问题主要包括以下几点。

第一，房租、人力成本持续攀升，经营成本显著增长。

第二，客流量减少。从工业时代到互联网时代，再到移动互联网时代，流量也在从线下向线上，从 PC 端向移动端转移，客流量减少将会直接影响传统零售门店的经营业绩。

第三，客单价降低。电商渠道的商品在价格方面具有明显优势，从而影响实体门店的商品销售。

第四，会员流失。与服务理念缺失、忽略客户关系管理的传统零售商家相比，电商卖家更注重和目标用户进行深入沟通交流，通过微博、微信等对用户进行社群化运营，从而与用户建立起密切的连接关系，不仅满足用户的物质需求，还满足其精神与情感需求，从而导致传统零售门店会员大规模流失。

新零售时代，传统零售门店想要解决上述问题，需要开展全渠道零售业务，开辟线上零售渠道，为消费者提供7×24的实时服务，最大化打破时间与空间限制，获得更多流量。同时，要开展零售全渠道运营，强化供应链管理能力，重视客户关系维护与管理及营销推广，达成更高的销售转化。

1. 业务再造

传统零售企业实施业务再造，是为了通过调整组织结构、业务流程、岗位职责、考核体系等，使全渠道零售业务能够得到真正落地。具体来看，业务再造应该遵循以下三个步骤（见图2-3）。

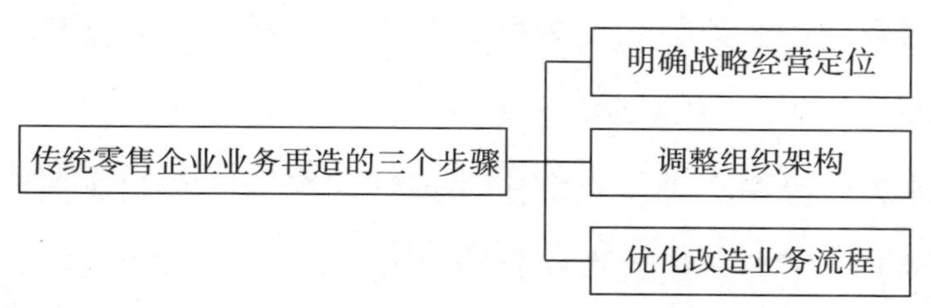

图2-3　传统零售企业业务再造的三个步骤

（1）明确战略经营定位。

传统零售企业需要在巩固现有优势渠道的同时，拓展新渠道，确定系统完善的渠道拓展规划，比如优先拓展哪些渠道、拓展方案选择、成本预算、渠道间利益分配、团队建设等。从实践来看，网络购物的崛起已经成为不可阻挡的主流趋势，在网络渠道方面投入更多的资源，不失为明智的选择。

（2）调整组织架构。

结合企业的战略目标、业务模式、全渠道业务现状等，对组织架构进行优化调整，让各部门、各层级、各岗位能够明确自身在新业务模式下的权利和责任，并设计系统完善的考核体系。比如：当线上订单由线下门店就近送货时，如果订单数量相对较少，可能不会影响门店工作人员的正常工作，但当订单较多时，门店人力资源相对有限，不仅很难及时完成线上订单配送工作，而且会扰乱线下门店的正常运营。所以，为线下门店增加新岗位或者调整部分岗位职责就显得尤为关键。此外，建立统一的客服体系是开展全渠道运营的重要一环。

（3）优化改造业务流程。

要结合企业业务的长期规划，对业务流程进行优化改造，明确关键业务模块的运行规则及权责归属，提高业务运营效率。从企业运行及业务流程两个维度上制定关键管理规则，并为业务流程效率考核设置 KPI（关键绩效指标）。结合企业组织架构明确岗位职责，设计长效业务流程优化升级机制，确保业务流程能够随着业务进程的推进而不断升级。

2. 基础改造

传统零售企业的基础改造如图 2－4 所示。

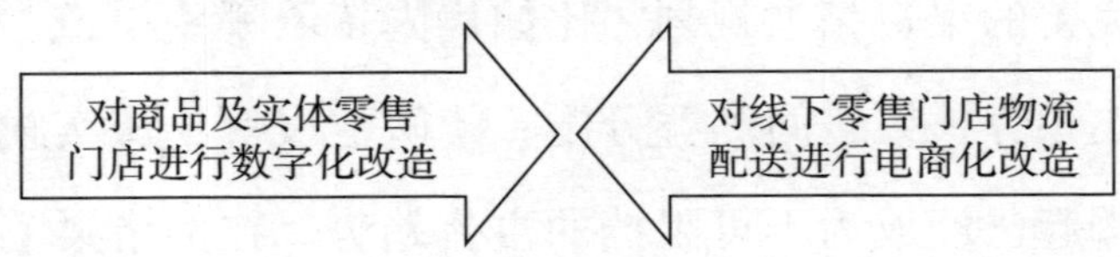

图 2－4　传统零售企业的基础改造

（1）对商品及实体零售门店进行数字化改造。

淘宝、天猫及京东等电商平台在刚上线时，在商品及电商卖家数字化方面投入了海量资源，这也是传统实体零售企业想要转型全渠道零售必须完成的基础性工作，如果不能通过数字化改造将商品及门店在线上清晰明确呈现出来，全渠道零售就会成为空想。

得益于中国经济的快速发展，此前，零售业各个细分业态都在持续扩大规模，零售业曾经掀起的品类管理浪潮，是想要通过强化品类管理来提高经营效率，但因为便利店、百货、超市等业态的快速扩张，很难真正得到落地。将管理维度精细到单品是精细化管理的关键所在，也是实现商品数字化的重要基础，所以，传统零售企业首先要完成的就是对海量商品进行单品化管理，显然这需要投入大量的人力、物力，并非是短时间内就能完成的事。

（2）对线下零售门店物流配送进行电商化改造。

对企业现有仓储设施布局进行改造，使其不但服务于线下门店，更服务于线上网店，结合大数据分析，优化库存结构，引入先进仓储技术及设备，通过自动分拣、拆零配送等方式提高仓配效益。为了满足用户全渠道购物需求，建立并不断提升线下门店货架拣货和末端配送能力。

3. 系统重构

技术的快速发展，使全渠道零售具备落地基础，线上线下结合的O2O模式为传统实体零售及传统电商的转型升级指明了方向。从实践来看，想要实现全渠道运营，必须对实体零售企业的信息系统进行改造，打造出完善的全渠道零售业务支持系统。

国际系统供应商目前尚未给中国零售企业全渠道运营提供完善的解决方案，在支持系统研发方面也较为滞后。对于全渠道零售背景下，中国实体零售企业的信息系统改造，行业先行者给出的思路是基于现有信息系统，打造全渠道零售业务服务枢纽平台。该平台需要有与之匹配的全渠道零售业务支持平台，后者必须具备强大的全渠道业务处理能力，能够满足零售企业全渠道业务融合时遇到的高发问题，同时能为业务创新提供支持。

利用全渠道零售业务服务枢纽平台，零售企业能够对接线上线下系统，实现跨渠道联动和协同，开发出更多的全渠道零售新业务及流程。同时，对零售运营统一管理，对线下、PC、移动等各渠道运营信息进行实时共享，集中处理客户订单，实现营销、仓储、拣货、配送、售后、客户分析与维护等各环节的统一管理。

全渠道零售业务支持平台需要满足全渠道业务整体规划要求，建立库存、订单、会员、营销、主数据等核心业务专题管理平台，在满足前端业务处理需求的同时，为后端管理提供服务。全渠道零售必然会涉及业务规则、业务模型、业务策略等方面的改造，这种情况下，业务支持平台需要具备较强的调整与适应能力，能够满足各个终端的具体要求。

全渠道零售业务服务枢纽平台是零售企业连接线上线下的关键所在，它必须支持对企业的实时访问，并快速高效地进行业务处理，为此需要云技术提供有力支持，不难发现，发达国家零售巨头打造的这类平台正是通过云服务的方式进行构建的。

第四节　升级路径：新零售产业的创新法则

• 零售商：实施差异化的经营策略

从全球范围来看，零售业的信息化发展速度非常快。近年来，国内零售行业不断增加在信息技术方面的投资，其年均增长速度达15%，尽管如此，零售企业对信息技术的投资在零售总额中的占比也仅达到1%。

在长期的发展过程中，中国零售企业致力于不断向国际零售巨头看齐，但在信息技术的推动下，国际零售巨头的核心竞争力迅速提高，将中国零售企业甩在身后。国内零售企业在参与国际竞争的过程中，必须运用先进技术持续进行创新，从而在市场上凸显自身的竞争优势，巩固当前的地位并获得更加长远的发展。

企业要想提高自身的竞争力，就必须进行创新。零售业的创新主要包括技术创新、结构创新、业态创新、品牌运营创新等几个方面。创新能力是现代企业不可或缺的一项竞争力。只有创新，才能体现企业的竞争优势。“竞争战略之父”麦克尔·波特认为，企业要通过实施低成本、差异化、聚焦战略获取竞争优势。近年来，国内零售市场的竞争日趋激烈，不少企业陷入同质化竞争的困境，在这样的环境下，企业更需要通过实施差异化经营，体现自身的竞争优势，为此就要进行创新。零售商的创新升级策略如图2－5所示。

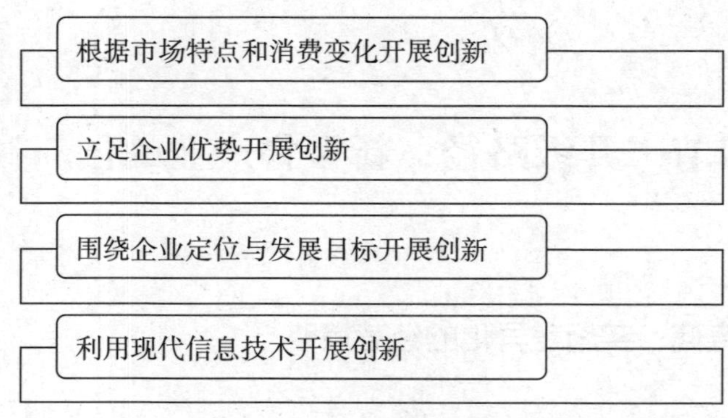

图2－5 零售商的创新升级策略

（1）根据市场特点和消费变化开展创新。

企业在实施创新之前，需要对当地市场的发展及总体竞争情况进行分析。例如，我国东部地区的经济发展水平较高，以超市为代表的零售业态可以向高端市场发展，相比之下，这种路线在其他地区不一定行得通。一些超市在向农村地区延伸的过程中，需要克服诸多阻力。

（2）立足企业优势开展创新。

对国内小规模零售企业进行分析可知，相较于实力雄厚的大企业及外资企业，这类企业在价格及产品结构上处于相对劣势的地位。即便如此，企业仍然能够突出自己的优势，聚焦区域市场的开拓，逐步建立良好的口碑，巩固自身的市场地位。比如，现阶段，国内的便利店业态仍以本地企业为主，可作为零售企业发展的重点。

（3）围绕企业定位与发展目标开展创新。

以北京王府井百货集团为例，该企业对自身发展方向做出了明确的规划，并划分成几个时期，经营者则以此为依据确立各个时期的创新目标。早期阶段企业的重点是连锁经营，开始用店铺统一管理的方式代替传统的柜组管理方式；后来其发展突破了区域限制，企业开始发挥总部的监管能力，同时发展区域性管理，提高供应链运营的灵活性。通过这种方式，企业不仅能够根据原定目标改革管理流程，还能强化成本控制。

（4）利用现代信息技术开展创新。

现如今，世界各国的零售业信息化发展十分迅速。前文中已经提到，国内连锁零售企业在信息技术方面的投资在总体零售额中的占比仅为1%，相比之下，一些国际大型零售企业的投资占比要达到我国两倍之多。这说明国内零售企业的创新还有很长的路要走。

• 供应商：优质产品驱动品牌升级

供应商位于产业链的上游位置，是零售商合作的乙方，在议价环节掌握的主动权十分有限，为了获得持续性的发展，供应商就要进行产品升级。供应商的创新升级路径如图2－6所示。

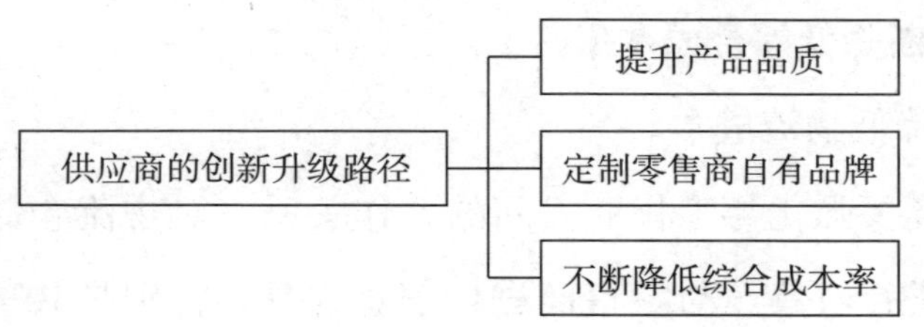

图2－6　供应商的创新升级路径

1. 提升产品品质

供应商要积极获取客户对产品的反馈数据，对产品的原料、制作工艺、包装设计等各个方面进行优化。对产品质量进行严格把关，依靠优质的产品吸引更多客户，并尽力降低退货率，进而减少在物流配送环节的成本消耗。在保证产品质量过关的基础上，供应商要追求极致化，力争成为整个行业的翘楚，不仅如此，供应商要不断积累产品的核心价值来体现自身的竞争优势，进而提高自身发展的持续性。

苹果手机是这方面的典型代表，它在发展过程中不断进行硬件方面的创新，使产品质量在行业内领先。与此同时，苹果利用开放平台接口、应用商店等吸引开发者加入，不断推出新的服务项目，逐渐形成系统化的生态链，从而在激烈的市场竞争中占据优势地位。

2. 定制零售商自有品牌

供应商与零售商达成长期、稳定的合作关系后，可以帮助零售商打造自有品牌。因为不同零售商的零售渠道不同，面向的用户群体也不尽相同，供应商帮助零售商建立自有品牌，能够加快零售商的产品开发。在这种模式下，零售商能够获得更多增值服务，得到更多消费者的支持。

3. 不断降低综合成本率

（1）降低物流成本。

供应商要强化与零售商之间的合作关系，对物流仓储等环节的单品信息进行收集。与零售商进行信息共享，特别是共享供货物流信息，促使零售商在物流环节实现精细化运营。

（2）全面实现以销定产。

供应商要实时了解供应产品的运营情况及物流配送进度，优化物流配送方案，避免出现空载情况，减少物流环节的成本消耗，还要了解零售商的库存情况，对其进货需求进行分析，及时补货。

（3）不断开拓新渠道。

供应商可以利用平台方服务，不断开拓新渠道。在布局大卖场零售业态的同时，通过中小零售商渠道开展运营，尤其要注重通过便利店渠道促进产品销售，在长尾市场进行品牌推广与宣传，提高消费者对自身品牌的认知度。

国内零售市场的分布缺乏集中性，导致各种零售渠道的销售额占比普遍不高，而便利店零售渠道的销售额贡献率超过总体的三成，若供应商能够通过便利店渠道进行产品销售，将在原有基础上进一步提高该渠道的交易额占比。近年来，许多中小零售商纷纷崛起，随之而来的是便利店供货渠道的快速发展，具体代表如惠民网等。

（4）打造自己的零售渠道品牌。

如果供应商拥有丰富的产品线，不妨在平台方的帮助下，打造自己的零售渠道品牌。例如，苹果在世界多个国家和地区开设了专卖店，其坪效在全球范围内居于首位。可口可乐也是这方面的典型代表，该品牌通过在街头设立冷饮柜等设备，让商品与品牌直达终端消费者。

（5）在品牌建设上加大投入。

要想在零售商场中发挥更大的价值，供应商就要采取措施提高品牌的知名度，实现忠实“粉丝”用户的积累。比如，英特尔发起的“Intel Inside”市场战略，产品范围从普通电子消费品延伸到高端产品，极大地扩大了英特尔品牌的覆盖范围，同时提高了英特尔的品牌知名度。

如果企业本身拥有较强的市场垄断能力，只要专注于提高产品的品类价值就能给渠道零售商创造大规模的利润，无须斥资进行品牌推广。

（6）加强现金流风险管控。

因为账期的存在，在某种意义上零售商占用了供应商的资金。针对这种情况，供应商要在保证产品竞争力的前提下，加速资金周转。供应商可采用以销定产的方式降低赊销的风险，也可以联合零售商采用预购模式，保证渠道内资金的顺畅流通。

（7）与零售商建立更好的共赢关系。

供应商应该与零售商不断加深合作，建立良好的共赢关系，而不是单纯完成双方之间的交易。

- **平台方：搭建完善的零售生态圈**

1. 如何成为新零售平台方

新零售平台方服务于供应商、零售商及消费者，负责传递物流、信息流、资金流，从各个环节加速零售业的运转。在这个过程中，平台实力会不断壮大。由此看来，京东、阿里巴巴中的其中一家很有可能成为全国性新零售平台，而永辉集团、物美集团则可能在一定区域内成为行业翘楚。新零售平台应做到以下几点。

（1）提供全国性的物流仓储信息平台。

要想打造社会化物流平台，在多个区域完成零售商品物流配送，平台方要将不同地区的仓储、物流公司的运营打通，逐步强化平台在仓储、物流、市场营销、终端配送等各个环节的管控作用。

（2）提供能对接各方的技术平台。

平台方要给新零售的三方参与者和相关服务商提供技术支撑，帮助其解决运营过程中遇到的各类问题。比如，针对消费者，平台方要帮助他们解决在线上购物、线下支付、商品配送、自提等环节遇到的问题。

（3）提供在线运营服务。

平台方要构建完善的运营服务体系来服务电商卖家，并通过联手代运营专业公司来加速整体运转，保证整个运营过程的完整性。

（4）提供在线云客服。

平台方要建设专业的运营体系服务零售商，组建专业客服团队，保证零售商在客服环节有效运转。

（5）提供线下地推服务队伍。

组建线下地推服务队伍，发挥平台优势，促进零售商运营，根据消费者需求进行产品营销。

（6）打造顶尖互联网生态型企业平台。

要加强对互联网技术研发的投资，组建专业的运营团队，持续升级硬件产品，优化供应链管理与仓储物流体系，明晰整个行业发展过程中存在的短板，提高对零售渠道的管理能力。

2. 把握新零售行业发展预期

新零售行业有以下发展预期。

（1）加价率将持续大幅下降。

在新零售时代，线下零售的坪效和人效大大提高，与电商之间的差距会不断缩小。此外，由于新零售的获客成本与物流成本明显降低，产品的加价率将会在电商之下。在此发展大势下，新零售的人效和坪效都超过了传统零售和电商。数据统计显示，传统零售与电商的加价率维持在20%～30%，但新零售业态能够将这个数据降低一半以上。面对激烈的市场竞争，如果传统零售和电商的改革不及时，其销售额、利润率都得不到保障，将会在竞争中迅速败下阵来。

（2）门店人效大幅度提升。

传统零售模式下，社区便利店的月均营业额通常在15万元至20万元，新零售有望将其提高到200万元至300万元。便利店的店员通常不会超过6个人，平均计算下来，新零售时代下的便利店人效与电商之间已经不存在明显差别了。

（3）社区便利店为兵家必争之地。

以阿里巴巴、京东为代表的零售巨头积极布局社区便利店，在社区门口进行截流。当社区便利店能够像大卖场那样为消费者提供低价且品类丰富的商品时，消费者就无须再绕远路到大卖场进行消费了，由此社区便利店的重要性也就凸显出来。

（4）竞争的紧迫性。

尽管目前新零售尚处于初期发展阶段，但其发展进程要明显快于传统零售与电子商务，率先把握住机会的企业在两年之内就能推出新零售业态。为了加速其发展，企业必须建立专业的运营团队并提高团队执行力，新零售的发展不能仅停留在理论层面上，还要注重实践，并追求最终的效果。

● 案例实践：小米新零售生态布局

小米在发展过程中取得了举世瞩目的成就：在公司创建仅四年之后，小米就成长为我国著名的智能手机品牌，呈现出迅猛发展之势，可谓是赶上了移动互联网时代的大好时机。小米创始人雷军总结的小米成功经验七字诀“专注、极致、口碑、快”也使得众多互联网企业争相效仿，除此之外，雷军的很多发言都在网络平台得以广泛传播，吸引了大众的目光。

不过2016年小米曾陷入低谷，产品销量下跌，进入2017年后，小米开始重整旗鼓，依靠其生态链建设、小米手机、小米之家再次得到市场的认可，有效提高了品牌知名度。小米在短短的八年之内创造了属于自己的传奇，雷军也因此被称为中国的“乔布斯”。

小米官方与互联网数据中心的统计结果显示，到2017年12月，MIUI（米柚）系统的用户数量突破3亿人大关，小米2017年全球出货量达9240万台，MIUI系统的月活跃用户超过1亿人，除手机产品之外，小米其他智能产品的用户数量持续上升。类似于苹果用手机产品聚集“粉丝”用户，小米也用手机和生态链智能硬件产品积累了大批“粉丝”用户。

高性价比一直是小米的突出特征，从战略层面来分析，小米围绕硬件产品建设自己的生态体系，在战术层面上，小米采用精品策略，重在突出自身产品的性能优势。在布局新零售的过程中，小米着眼于线下的运营，在多个地区开设实体店。

1. 小米的新零售战略：流量×转化率×客单价×复购率

企业的零售运营情况主要受四个因素的影响：流量、转化率、客单价及复购率。在布局新零售的过程中，小米从这四个因素着手，制定了相应的战略，力争以局部带动整体，体现自己的新零售发展优势。

（1）流量。

流量是指门店的客流量，企业要注重门店的选址，并通过优化商品组合来引流。在选址方面，小米之家多分布在城市的经济繁华地段或社区商圈的购物中心，毗邻无印良品、星巴克等与自身存在客户交集的实体店。另外，小米之家会根据具体消费场景进行商品展示，为消费者提供丰富的商品品类及多元化的单品，同时不断推出新产品，提高门店对消费者的吸引力。

（2）转化率。

企业要发挥产品本身的优势来提高到店消费者的转化率。在这方面，小米擅长打造爆款产品，注重提高产品性能，以此吸引大批消费者。此外，门店内展出的商品都是经过认真筛选的，小米根据线上销售数据，从多元化商品中选出热销品类及单品进行展示，从而提高到店消费者的转化率。

（3）客单价。

客单价即平均交易金额，有人错误地认为，可以通过提升产品售价来提高客单价，但这种方式很容易导致消费者流失，正确的方法是通过提高消费量来提高客单价。在这方面，小米既注重产品的性能，又注重其外观设置，且小米的很多产品能够通过小米智能音箱连接起来，从而实现连带销售。不仅如此，实体店还能够满足消费者的体验需求，线上线下的一体化运营，更符合消费者的需求，消费量自然而然提高。

（4）复购率。

企业可通过两种方式提高进店消费者的复购率，一是提高消费者对自身品牌的认知度，二是为消费者提供更便捷的消费渠道。高性价比是小米一直强调的产品特性，同时，小米在进行品牌打造及运营的过程中注重发挥口碑效应，不断强化品牌认知。在渠道运营方面，小米实现了线上线下的一体化运营，实体店的经营不仅能够满足消费者的体验需求，还能为网络渠道引流，吸引他们浏览更多的小米商品信息。

2. 小米之家与苹果的运营模式比较

小米之家的官方统计结果显示，小米实体店的面积通常在 200～500 平方米，大多数连锁店一年的坪效在 1 万元/平方米至 5 万元/平方米，小米之家一年的坪效则能够达到 27 万元/平方米，说明小米在线下渠道能够取得相当高的经营效益，除了苹果官方体验店之外，其他品牌都达不到这个水平。在这方面，小米和苹果同属制造型零售企业，作为“粉丝经济”模式的实践代表，这两个品牌的发展都离不开“粉丝”的支持。

不过，在布局新零售方面，小米与苹果的具体运营方式是不同的。

（1）门店定位和拓展方式不同。

苹果门店聚焦于体验打造与售后服务提供，旨在扩大品牌形象的覆盖范围，门店面积通常在1000平方米以上，大的能达到3000平方米，通常坐落于大型商场、经济繁华的城市中心，门店总数和单品数量都不多。数据统计显示，到2017年，世界范围内的苹果官方零售店接近500家。店内经营的产品除苹果核心产品（手机、电脑、平板等）外，包括以键盘、耳机为代表的关联产品。

小米之家也注重打造线下体验，但主要目的是进行产品销售，消费者无法从实体店中获取售后服务，小米典型门店的面积在200平方米到500平方米，远不及苹果。门店通常位于核心商圈的购物中心，分布更加密集，到2018年年初已开设295家，单品数量超过200个，店内经营小米新品与生态链内的多元化商品。

（2）产品价格及盈利方式不同。

苹果依靠新型产品及其在同领域内的优势聚集“粉丝”，品牌的情感价值大，走高端路线，主要靠硬件产品获取利润。数据统计结果显示，苹果硬件销售毛利率达29%，公司从每部手机中所获利润为151美元。相比之下，小米重在突出手机的低价高配，致力于建设完整的生态体系，在此基础上从服务中获利。所以，小米产品的价格比较低，手机产品的利润空间很小，每部手机所获利润仅达2美元，硬件产品销售毛利率还不到10%。

第三章

运营实战：
实现新零售模式真正落地

第一节　创新运营：基于信息化的零售运营

• 业态创新：明确企业的经营定位

针对各个消费群体的需求，零售企业要通过调整内部要素的组成方式，建立相应的经营形态，这就是零售业态。消费需求的变化、新兴技术的快速发展、市场竞争格局的改变等都促进了新型零售业态的诞生。自 20 世纪 90 年代以来，国内零售业的发展速度不断加快，新型零售业态不断代替传统零售业态出现在市场上。现阶段，国内消费市场已经出现了明显的层级划分，在这种情况下，零售企业应该及时改变零售业态，对应消费群体的需求，在经营过程中体现自身的独有特色。

零售业态具有多样化的特征，既包括以百货商店、杂货店为代表的传统零售业态，也包括以便利店、专卖店、网络商店、超级市场、折扣店等为代表的新兴零售业态。不同的零售业态体现出来的特征是不同的，具体情况如下。

（1）像购物中心、百货公司这一类的零售业态，商品种类比较齐全，能够满足消费者的一站式购物需求。

（2）像服装店、母婴店这一类的零售业态，重在体现其专业性，主营某一类商品。

（3）像会员店、超市这一类的零售业态，主要特点是商品价格低廉，主营消费频次高、需求量大的产品。

（4）像网络商店、便利店、自动售货机这一类的零售业态，主要是给消费者提供便利，其店铺面积通常比较有限，商品品类也不多，但能够满足消费者的日常生活所需，为其提供即时性消费服务。

在明确自身发展方向的基础上，零售企业接下来要做的就是确立其经营形态，经营者要决定要不要对现有的业态进行改革。

国内零售行业的业态种类多达 18 种，企业究竟该选择哪一种呢？美国哈佛商学院零售专家麦克尔教授提出的“零售轮转理论”表明，零售组织变革的发展具有周期性，不同的业态呈现出不同的特点，对企业而言，最重要的是对零售业态的特点进行把握，明确自身的定位。

比如，超市主打廉价商品，便利店能够满足消费者的即时性需求，专卖店主要经营品牌商品，对此，企业需要了解各个业态的特征，找到适合自己的经营之路。例如，一些百货商店正在改变传统的大众化商品经营思路，开始聚焦于精品销售，向消费者展示潮流商品，更加注重市场营销。

现阶段，随着我国社会经济的发展，人们的消费层级逐步提高，相较于提供低廉商品的百货商店，部分消费者更倾向于选择销售精品的超市。由此可见，在进行零售业态选择的过程中，企业要对当前的环境、具体条件进行全面分析。无论是什么类型的企业，都处在特定的环境中，拥有自己的市场定位，企业在实施业态改革时要重点考虑自身的经营与发展特点，根据市场需求选择合适的经营形态。

- **技术创新：提升消费者的购物体验**

零售企业通过技术创新，能够进一步开拓自己的市场。在互联网时代，信息技术创新在企业的发展过程中发挥着越来越重要的作用。传统时代，零售行业主要通过实施高效的进货渠道管理获得优势，现如今，企业则通过优化品类管理提高自身的竞争实力。

未来，零售企业将更加注重会员管理，围绕会员的需求开展自身运营。在具体实施过程中，运营者需要对会员信息进行获取、分析、处理、存储。随着时代的进步与发展，网络信息技术正在对零售企业的发展产生越来越重要的影响。从零售业本身的特性来看，企业依托信息技术进行创新集中在以下三大方向（见图 3－1）。

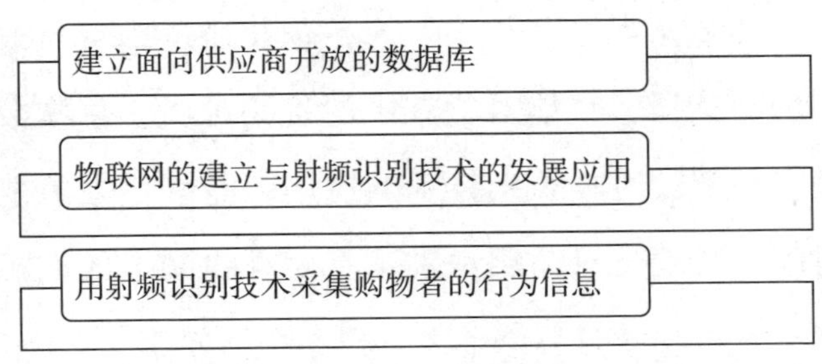

图 3－1　企业技术创新的三大方向

1. 建立面向供应商开放的数据库

很多实力型零售企业都拥有完善的物流和配送系统，典型代表为沃尔玛，该企业采用单品管理方式，运用先进的识别技术，及时获取旗下门店单品的销售情况及其变化。然后，沃尔玛将数据分析结果发送给供应商，方便供应商知晓其商品的市场销售状态，据此完善自身运营。

比如，沃尔玛与宝洁公司联手，在实现信息共享的基础上，将商品流转周期缩短一半，通过运营数据平台，帮助宝洁公司降低了成本消耗。如此一来，两者之间就不再是简单的利润分配关系，而是能够加速整个供应链的运转，拓宽双方的利润空间。

2. 物联网的建立与射频识别技术的发展应用

随着射频识别技术（RFID）、定位技术、产品电子代码（EPC）等先进技术的发展，加上互联网技术的普遍应用，物联网诞生并迅速在市场上崛起。物联网的应用，能够让企业实现对商品的全面管理，包括进行商品识别、商品追踪、商品信息查询等，能够促进物流与信息流之间的连接，改变传统的商品生产、物流配送、营销环节。

通过应用射频识别技术，零售企业能够加速整体的运转。具体而言，在进货环节，当卡车驶入仓库，企业通过查看与射频识别技术配套使用的阅读器，就能对货车中的货物种类、总体数量等一清二楚。在销售环节，射频识别技术的应用，能够免去消费者排队等待结账的时间，收银员只需用识别工具对准包装上的电子标签，就能识别价格，并自动计算总体金额，提高结算效率。

数据研究结果表明，通过使用射频识别技术，沃尔玛降低了供货短缺现象出现的概率。另外，传统模式下企业主要运用条码识别技术进行补货，如果在这个环节运用射频识别技术则能提高企业的补货效率。射频识别技术的应用还能降低零售企业的货物损耗率。

另外，很多零售企业在经营过程中都存在商品盗窃的问题，射频技术的应用能够帮助企业解决这个问题，减少零售企业承担的风险。数据调查结果显示，采用射频识别技术，能够将零售企业的失窃和存货率降低四成。

3. 用射频识别技术采集购物者的行为信息

零售企业要想全面了解消费者需求，据此完善店内的布局，优化商品陈列方式，拓展自身的利润空间，就应该对消费者进店之后的商品选择、消费行为等信息进行收集，并对相关数据进行分析与处理。

以往，企业主要采用条码技术获取出售商品的相关数据，具体如商品价格、是否参与优惠活动等，但这种技术不能统计消费者的行为数据。路径跟踪者（PathTracker）技术（研发机构为美国索伦森公司）能够将消费者进店后的移动路径与其消费行为结合到一起，在向消费者显示店内的格局分布、货架陈列、商品摆放及通道设置情况的同时，将消费者的行为信息提供给零售商与供应商。

如此一来，消费者来店进行重复消费时，经营者就能够获知消费者的相关信息，包括消费者光顾次数、所购商品、曾在哪些货架前停留、未曾到过哪些货架等，据此为其当下的消费提供参考，增进与消费者之间的沟通互动关系，满足其个性化需求。由此可见，使用射频识别技术能够提升消费者的购物体验，帮助企业更好地对接他们的需求。

● 组织创新：变革传统的组织模式

在零售企业的发展过程中，其组织结构能够作用于企业的战略实施效果，企业要想更好地适应市场需求，优化对员工的管理，就要不断完善自身的组织结构。现阶段，国内多数零售企业采用的是简单结构、职能结构或是梅热结构，还有些企业对这三种结构进了延伸。为了在竞争中占据优势地位，企业应积极优化自身的组织结构，通过实施统一的管理模式、改革传统的等级制度、业务外包等方式加速自身运转。零售企业的组织创新策略如图3－2所示。

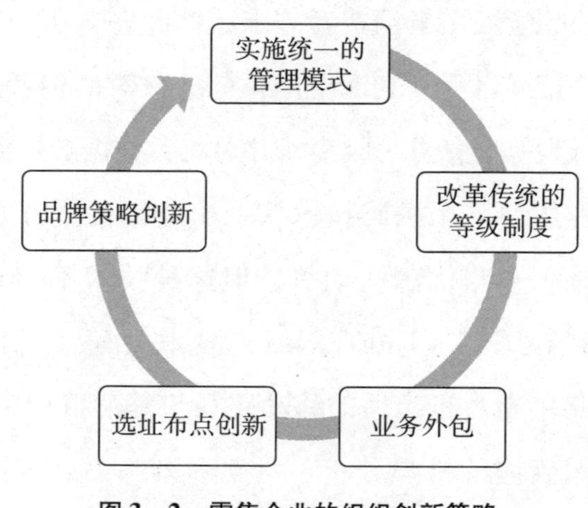

图3－2　零售企业的组织创新策略

（1）实施统一的管理模式。

当零售企业的市场范围不断扩大时，企业就需要依托完善的信息系统对自身运营实施统一管理，汇集各个地区的市场运营数据，由企业总部决定公司未来的发展方向，强化对各地区分店的管理。这种方式能够降低企业的总体成本，让企业在与供应商谈判的过程中掌握更多话语权，形成规模优势，更好地适应市场变化。

（2）改革传统的等级制度。

在信息技术高速发展及普遍应用的今天，企业要通过调整原有的组织结构，更好地应对市场变化，提高组织结构的灵活性与信息传达的效率，通过改革传统等级制度，不断完善其组织体系。从企业发展的角度来说，用新型组织结构代替传统模式下等级森严的组织结构，既能降低人力资源的浪费，又能促进管理者与消费者之间的互动，使企业及时了解市场变化及竞争对手的发展情况。

（3）业务外包。

现如今，不少零售企业与专业公司开展合作，把自身的商品标签管理、店面维护、信息系统运营及物流配送业务交由专业公司来承担，后者会利用先进的技术手段为零售企业提供优质的服务。零售企业则通过这种方式实现对自身的成本控制。

（4）选址布点创新。

重复的业态建设、无序的商业布局，会导致零售企业在发展过程中面临更加激烈的市场竞争。在这方面，尽管发达国家的商业布局并不分散，但处于同一个商业区中的零售业态之间存在明显的差异，不会出现相同业态毗邻的现象。

立足于宏观层面来分析，国内零售领域存在城市发展缺乏管制的问题，不少城市的重复建设问题比较突出。因此，在选址过程中，要综合考虑企业的市场定位、当地的消费水平及其他因素，提高零售业态布局的稳定性。

另外，有些地区的零售行业已经面临激烈的市场竞争，开发空间小，这时，零售企业不妨在未得到充分开发的地区和市场开展经营，比如，在二、三线城市及农村地区开拓市场。在这个过程中，政府应该发挥引导作用，对零售行业的整体布局进行调整优化。

（5）品牌策略创新。

企业要想获得持续性的发展，就要建立自己的品牌形象并注重后期的运营。在这方面，我国零售企业的发展还不成熟，但无论是哪种业态的零售企业，都要注重品牌策略创新。

独立的品牌开发能够拓展零售企业的利润空间。在具体实施过程中，企业可以采用企业形象识别（CI）、顾客满意战略（CS）等进行品牌开发，并通过良好的运营提高品牌的市场接受度。

零售企业可以自己设定商品的款式、功能、价格等因素，独立或者与其他企业合作完成商品生产，在产品包装上印制自己的商标，在自己的商店里开展商品运营。通过发展自有品牌，零售企业不仅能够降低成本，还能突出自身产品的独特优势，在运营过程中根据消费者的需求不断优化产品，提高产品的附加值。

- **信息化重构：优化企业运营系统**

近年来，某些连锁零售企业、B2B企业正在想方设法对企业原有的信息系统进行改造、重构。因为，在新零售环境下，很多零售企业当前的信息系统无法满足其变革需求，必须进行改造升级。

目前，大部分零售企业的信息系统都是以商品为中心构建起来的，没有顾客管理模块。而现在，零售企业的经营理念正在从以商品为中心向以顾客管理为中心转移，原有的信息系统就无法满足零售企业的顾客管理需求。虽然部分零售企业在自己的信息系统中增加了会员管理单元，但会员管理与顾客管理不同，无法为顾客数据化提供有效支持，顾客数据化画像、零售店铺的数据化管理都难以实现。尤其是与互联网电商相较，实体零售企业这种信息系统缺陷表现得更为明显。

企业现有的信息系统是以商品管理、品类管理为中心构建起来的，无法为实体零售企业的场景化变革与调整提供有效支持。当然，现如今所有信息系统都无法为零售企业的场景化调整提供支持，很多零售品牌的场景变革、场景化创新的主力依然是人。

零售企业的 ERP 系统是静态的数据系统，无法支持动态化的数据。虽然有些企业做了插件，增添了线上订单模块，但仍然无法提供动态化的数据，不能为全渠道模式的运行提供有效支持。在现实经营过程中，某些小型零售店经常遇到这种问题：早已下单的商品在第二天被通知没有货，这就是零售企业的信息系统不支持动态化数据的切实表现。

企业现有的信息系统是简单的数据统计系统，不具备机器学习、算法支持、智能推送等功能，比如向消费者推送订单；向采购人员推送商品、促销信息，物流组合，配送排线等。

20 年前，在零售企业大力推行连锁运营阶段，现有的信息系统做出了巨大贡献；但现如今，在零售企业朝新零售发展的阶段，企业的现有信息系统产生了阻碍。零售企业要想成功变革，就必须先构建一套新的信息化系统。

20 年前，零售企业以商品的进销存为主线确立了信息技术架构，按照连锁经营的组织模式解决了采购管理、存货管理、商品管理、促销管理等环节的效率问题，将商品数据与财务核算、仓储连接在了一起。对于整个过程来说，商品效率是核心。尤其是当时，零售企业深受市场环境、零售形式与信息技术的影响，构建起来的信息技术架构带着浓厚的时代特色。

当时，整个零售市场环境正在从商品主权时代朝渠道主权时代迈进，商品、品牌的市场影响力较强，渠道的话语权也在不断增强。零售企业在那个时期构建起来的信息系统完全以商品、企业为中心。那个时期的零售形式是线下模式，所以企业的信息系统构建的是到店销售的单一模式，业务体系完全是以到店模式为核心构建起来的。

零售企业的连锁化经营基本是逐步实现的，其零售技术也在不断优化、进步。随着企业不断发展及品类管理技术、货架管理技术、门店管理技术、物流配送技术不断引入，即便系统不断优化，系统模块之间也难免出现不协调问题。

再加上 20 年前，受当时通信技术、智能技术的限制，零售企业的信息系统设计的是静态数据结构，无法对数据变化进行实时追踪。企业的数据逻辑只能将企业的数据关系简单反映出来，无法为企业的智能化服务需求提供有效的解决方案，甚至很多分析、管理工作的开展还需要导入系统之外的电子表格。总而言之，现如今，零售企业急需构建一个全新的信息系统。

第二节　场景运营：搭建智能化的购物体验

• 智慧场景：打造沉浸式购物体验

新零售是社会各界关注的一个焦点，在新零售模式中，线上线下从对立走向统一，共同为消费者创造价值。马云提出了新零售的概念，这也很容易让人认为传统电商的瓶颈是催生新零售的关键所在，但事实并非如此，探究新零售的本质，我们可以发现“消费升级”才是新零售产生的核心驱动力。

用户主导的新消费时代，消费端变化会促使企业界发生重大变化，而消费升级是不争的事实，尤其是逐渐成为新一代消费主体的“80后”及“90后”甚至“00后”对个性、品质生活的追求与向往，为新零售的出现及发展提供了巨大助力。

在马云给出的新零售概念中，除了线上和线下结合外，新零售的落地要有现代物流的参与，现代物流追求效率的同时，更帮助零售企业去库存。新零售不仅要求零售企业实现对传统零售的数据化、网络化及智慧化，更要求零售企业以用户为导向，对经营模式进行创新，以用户本位的经营用户取代企业本位的经营商品。

多年以前，就有很多国际零售巨头引入CRM、ERP等系统进行供应链管理及客户交易管理，近几年，“互联网+”在实体零售业不断渗透，有相当多的传统零售商通过入驻电商平台、开发线上商城及移动购物App等方式布局线上，但这更像是拓展渠道，而非新零售。新零售要实现的是线上线下的深度融合，远不是将线下商品转移到线上这么简单。

对新零售而言，智慧场景的打造尤为关键，只有打造出真正的智慧场景，才能充分满足消费升级背景下的个性与品质消费需求。

何为智慧场景？在介绍其具体概念前，我们不妨先了解场景消费及其对零售企业的价值。场景消费是利用感官刺激和人们想象中的场景一致，来迎合消费者感受整个场景氛围的心理需求。在物质匮乏的传统工业时代，人们更多是为了满足生存需要而购物消费，尤其注重产品性价比。而“80后”“90后”甚至“00后”这一新消费主体，更加注重服务价值和体验价值，人、物、环境所组成的场景对刺激其购物具有十分积极的效果。

他们不仅是买商品，而且是在体验与商品关联的各种场景。消费升级背景下，传统场景很难打动新一代消费者，融入新技术、新设备的智慧型场景，才能更好地让消费者产生情感共鸣，并对其消费决策施加影响。

从这一角度来看，智慧场景是通过物联网、大数据、人工智能等智慧科技对传统场景进行改造升级，从而使消费者产生沉浸式体验，是更具冲击力、能够和消费者进行智能互动的场景。智慧场景能够有效满足消费者在情感与精神体验方面的要求。

新零售是为了满足升级的消费需求而出现的，它不仅能提供产品，还可以满足消费者的个性、体验等需求。阿里巴巴、京东、亚马逊等电商巨头纷纷发力新零售，是因为传统电商已经无法迎合不断升级的消费需求，需要借助线下的力量。

场景是零售的关键一环，缺乏场景提供的有力支持，零售企业很难从同质竞争与价格战的泥潭中挣脱出来。但有了场景并不代表着零售企业可以完成营销转化，享受到智能手机、智能家居等智能产品带来的极大便利的人们，对购物场景体验的要求也提升到了新的高度，这种情况下，打造智慧场景就成为零售企业发力新零售的关键所在。

• 场景化运营：思维、技术与实践

转型新零售过程中，传统电商企业因为缺乏场景支持，想要打造智慧场景确实存在较大阻力，而传统实体零售企业虽然有场景资源，但想要将智慧科技融入场景之中，给用户创造各种智慧场景体验也并非简单的事情。

因此，传统实体零售企业想要在新零售风口中抢占先机，必须从思维、技术、实践三个层面上着手。

1. 思维层面

现阶段，各行各业似乎都在进行转型升级，借鉴对变革尤为敏感的互联网企业的发展模式，受到了很多传统企业的青睐，尤其是互联网企业以用户为中心的服务理念更是成为很多传统企业转型的目标。比如，华为提出 ROADS 战略，要为电信运营商客户提供实时、按需、全在线、自助、社交化的解决方案，确保运营商客户能够真正做到以用户为中心。所以，传统实体零售企业想要发力新零售，需要转变思维模式，精准对接用户需求，专注于为用户创造价值。

2. 技术层面

技术是打造智慧场景的核心所在，智慧场景需要大数据、物联网、人工智能等前沿技术提供支持，这对传统实体零售企业的技术实力有较高的挑战。其中，大数据技术通过对海量数据收集、分析、应用，为企业的运营管理提供支持，帮助企业确定更为科学合理的战略决策。物联网则实现了人、服务、场景之间的无缝对接，促进消费者和商家之间的交流互动，达成更高的营销转化。人工智能则是应用深度学习、机器模仿、自然语言处理等功能，帮助企业实现自动化、智能化、智慧化的管理业务流程，大幅度提升企业运营效率。

当然，在合作、共享的移动互联网时代，缺乏技术积累的零售企业也可以通过专业的第三方服务商来获取这些技术，降低成本的同时，将更多的时间与精力集中到零售领域。

3. 实践层面

新零售不能仅有思维模式与智慧科技，更需要在实践中进行检验，新兴业态走向成熟需要大量的创业者及企业长期试错。飞凡商业联盟企业成员的做法尤其值得国内零售企业借鉴，飞凡商业联盟企业成员举行了一系列的大型集体联动营销活动，在各种传统节日及电商促销节日期间，吸引了大量消费者去周边购物中心体验智慧购物。

尤其是“双十一”期间，阿里巴巴仿照当时全球范围内异常火热的AR（增强现实）游戏《精灵宝可梦Go》推出了互动游戏《AR寻宝》，让广大消费者享受到了极致的感官体验。“双十一”“双十二”等电商促销活动已经连续举办了许多年，每年商家都会投入大量的资源来吸引消费者“买买买”，但近两年因为视听疲劳，电商增速下滑，想要解决这一问题，必须要补足线下短板。

无论是传统电商，还是传统实体零售企业，在转型新零售的路上还有很长的一段路要走，前者有智慧无场景，后者有场景无智慧，谁能率先做好智慧场景的打造及运营，谁就将在新零售风口抢占先机。仍在沿用传统思维模式的纯电商企业很难长期生存，具备丰富的场景资源且积极补足智慧科技短板的实体零售企业，将会享受到新零售风口所带来的巨大红利，有望实现弯道超车。

• 线下实体零售企业的场景化布局

智慧场景对新零售具有如此之高的价值，吸引了大量传统实体零售企业在智慧场景的打造及运营方面投入海量资源。电商巨头也纷纷抢占线下渠道，而那些错失电商发展机遇的传统实体零售巨头开始认识到了新零售所带来的重大发展机遇，积极进行转型升级，布局智慧场景。

传统电商确实在智慧方面取得了良好成果，人们的购物消费变得十分方便快捷，但场景体验欠缺，互联网的虚拟性给电商用户的场景体验带来了一定的阻碍。这种情况下，传统电商企业为了吸引目标用户购买，大打价格战，各类促销活动层出不穷，同时积极“造节”，“618”“双十一”“双十二”就是典型代表。

近两年，阿里巴巴、京东等电商巨头开始利用自身的技术优势，想要改造电商购物场景，但因为入驻商家数量庞大、改造成本高昂等因素，实践效果并不理想，距离满足新零售要求的智慧场景存在较大差距。

传统实体零售企业具备丰富的线下实体资源，在智慧场景打造方面具有一定的先天优势，如果可以将大数据、云计算、人工智能等智慧科技应用到现有场景中，企业可能会在新零售风口中抢占先机，实现弯道超车。

部分传统实体零售企业在探索新零售转型方面初步取得了颇为良好的成果，比如，五洲国际、万达商业等现代购物中心，融合了娱乐、餐饮、购物、观影等多种业态，创造了丰富多元的消费场景，并且利用飞凡等场景服务运营商提供的优质服务，对传统场景进行智慧化改造升级，打造出了智慧停车、智慧购物、智慧餐饮、智慧观影等智慧化场景，给消费者提供了前所未有的体验，让广大消费者的个性、品质消费需求得到充分满足。

以飞凡商业联盟成员企业在“618”期间，联合开展的智慧场景消费体验活动为例，用户打开飞凡 App 后，可以获得周边的百货商超或购物中心的位置信息，还可获取各大品牌商提供的优惠券、代金券等。消费者根据自身的需求选择并前往购物中心后，可以使用 App 提供的室内导航功能快速找到相应门店，购买符合自身个性化需求的优质商品。

消费者完成购物后，还可以点击 App 上的“摇一摇”参与抽奖活动，同时，可以随时享受 Wi - Fi（无线上网）、智慧停车、智慧观影、智慧餐饮等各种体验，缓解日常生活与工作中遇到的压力。

• 案例实践：苏宁门店场景化变革

近几年，作为国内传统零售企业成功转型的典范之一的苏宁，其“互联网 + 零售”模式探索持续深入，借助苏宁易购品牌，苏宁对其旗下的零售品牌进行线上线下一体化运营，苏宁易购云店等旗下的各类线下门店均已纳入苏宁易购体系。

1. 苏宁易购落地，四大功能与用户交互

苏宁易购云店作为苏宁易购 O2O 布局的重要一环，发挥着连接用户、服务周边社区用户、支持 O2O 业态的作用，苏宁易购云店具有协同销售、体验、服务、本地化营销四大功能，是苏宁布局互联

网零售的关键所在，和此前的普通门店相比，苏宁易购云店不但销售商品，还销售服务、体验及生活方式。

事实上，在新零售风口来临之际，对传统门店进行改造升级的零售企业不计其数，但鲜有类似苏宁这般进行颠覆性革新的企业。

在苏宁公布的战略规划中，苏宁易购云店的电器经营面积将缩小至50%左右，同时，苏宁易购云店将作为360度场景式体验区，通过还原厨房、客厅、卧室等真实生活场景，让广大消费者感受浓郁的家庭氛围。其余50%左右的经营面积将新增金融、海外购、儿童乐园、红孩子模块、自营咖啡店等业态，推动苏宁多元化经营的同时，和家电零售形成良好的协同联动作用。

此外，苏宁易购云店中开设了餐饮课堂及摄影课堂，定期举办各种形式的主题活动，在给广大消费者创造极致购物体验的同时，引导人们树立健康、时尚的生活理念。显然，苏宁易购门店中的社交、休闲娱乐、智慧服务、特色零售等体验是传统实体门店无法提供的。以用户需求为导向，对用户体验进行持续完善，是苏宁易购云店转型升级的主线，也促使苏宁更加重视和用户进行深入交流沟通。

2. 苏宁消费金融，无缝连接消费场景

苏宁消费金融公司落地苏宁易购云店，使苏宁纯线上的金融服务具备了“肉身”。苏宁易购云店的丰富体验及特色零售功能，是苏宁为了让消费者方便快捷体验线上线下一体化场景，那么，苏宁为其金融业务塑造“肉身”，则是为了让自身更好地连接用户消费场景。

以苏宁金融“任性付”为例，它能够让苏宁和用户出行、婚庆、购物、培训教育、家装在内的诸多消费场景密切关联，可为消费者提供不超过20万元的资金支持。

苏宁消费金融公司的使命就是满足广大用户数额较小的日常消费需求，促进发展普惠金融，通过金融支持为消费升级增添新动能，提高广大用户消费意愿，提高人们生活质量。

苏宁大力发展消费金融，并非仅是因为金融集团提供的资金支持，更为关键的是，苏宁通过对其亿级用户（截至2017年12月底，苏宁易购零售注册用户数3.45亿人）各类数据进行深入分析，能够有效降低风险。

金融的发展必然需要完善的征信体系，而大数据、云计算等技术的发展及应用为征信行业的发展奠定了坚实基础。分析用户行为是发掘数据潜在价值的关键所在，基于海量用户数据分析，企业可以为所有用户建立立体化的用户信用画像，使信用评估结果更为精准。

同时，苏宁从数据分析结果中可以获取用户兴趣爱好、消费习惯、消费心理、购买力等诸多信息，从而为苏宁向用户推荐定制金融产品及服务提供有力支持。苏宁金融在苏宁易购云店落地后，使金融授信和消费场景密切连接起来，使广大用户能够在线下场景中体验提额申请、个性化金融服务定制等各类金融产品及服务，更容易使双方建立良好的信任关系。

3. 借助线下门店优势，打造跨境电商2.0模式

苏宁海外购在苏宁易购云店的落地，标志着苏宁将开启跨境电商2.0模式。苏宁海外购采用了自营和第三方相结合的运营模式，自营产品占据较高的比重，且由海外商家直供优质商品。在支付环节，用户可使用苏宁金融开发的支付工具——易付宝进行结算。在配送环节，苏宁和中国邮政及中外运空运发展股份有限公司达成战略合作，建立了完善的跨境物流体系。在售后环节，苏宁海外购所有商品均由苏宁官方提供担保，用户可以享受七天无理由退换货等优质售后服务，这极大地刺激了用户的消费欲望。

苏宁易购云店海外购专区会对部分实体样品进行展示，同时在墙面上的显示器中展示丰富多元的自营及第三方商品，商品旁边会配上二维码，用户使用智能手机、平板电脑等移动终端扫描后，便可一键购买世界各地的优质商品。目前，苏宁海外购商品覆盖了美妆、日用品、3C（计算机类、通信类和消费类电子产品）、母婴、服饰箱包、生活家电等诸多品类。

积极转型“互联网+零售”的苏宁，依托丰富的线下优质资源，打造苏宁易购云店海外购体验专区，并结合二维码扫描、移动支付等智慧科技，促进线上线下充分融合，打造跨境电商2.0模式，解决传统跨境电商服务及体验缺失等痛点，使广大消费者更加方便快捷地购买全球优质商品，给用户带来良好购物体验。

第三节　无人零售：智慧零售时代的新物种

• 无人零售模式崛起背后的原因

无人零售迅速崛起的背后是单纯的流量之争吗？答案当然是否定的。创业者及企业布局无人零售并非单纯地想要获取流量，能够掌握海量的数据资源也尤为关键。数字经济时代，数据是企业争夺的重要战略资源，无人便利店在经营管理中，能够积累海量的用户购买、浏览、评论等各类数据，这些数据能够帮助企业为用户描绘立体化的画像，并深入分析其消费需求。

基于用户画像，企业可以对选品、库存、陈列、定价、营销等环节进行优化完善，为供应商的产品生产、物流服务商的配送等提供有力支持，显著提高产业价值链的价值创造能力，降低成本损耗，实现多方合作共赢。

1. 占领高频消费场景

无人零售店选择以便利店形态为主，更多是为了占领高频消费场景，通过密切连接广大用户的日常生活与工作，加快其消费习惯培养进程，快速沉淀一批忠实用户。

如果无人零售店选择类似服装店等低频消费场景，由于人们在服装店中的消费频率较低，尤其是羽绒服这类服装产品可能一年仅去浏览几次，在消费习惯培养方面就要耗费更高的时间成本，不能让商家和消费者进行充分互动交流。而便利店作为一种人们本地化生活的重要组成部分，是绝对的高频消费场景，是未来零售业的关键流量入口。入口之争向来激烈而残酷，不但初创企业积极涌入，阿里巴巴、京东、亚马逊等行业巨头也在加速布局。

2. 十分钟生活圈

便利店和居民区距离相对较短，据公布的数据显示，绝大部分的便利店位于消费者步行10分钟路程以内的生活圈，在生活节奏越来越快的当下，能够让人们在短时间内方便快捷购物尤为关键。与之形成明显对比的是，如果人们去大型百货商场、购物中心购物，不但距离遥远，要耗费更高的出行成本，而且排队付款要占用大量时间，在熙熙攘攘的百货商场及购物中心中排队付款很容易让人产生烦躁、焦虑等负面情绪，部分已经选购完商品的消费者甚至会因此而放弃购买。

无人便利店和消费者距离更近，通常是在消费者步行5分钟路程之内的生活圈，而且解决了排队付款造成的购物时间成本过高的问题，购物过程十分便捷、流畅，能够给消费者带来良好体验。此外，零售企业通过将无人便利店作为电商订单自提点，能有效解决最后一公里的配送问题。

3. 零售变革的三个方向

结合无人零售的实际发展情况来看，未来零售企业想要取得成功必须把握以下零售变革的三个方向。

（1）可得性。

消费者的消费需求始终处于动态变化之中，而且很多消费需求是冲动消费，时间越久，不确定性就越高，消费者可能会因为各种因素失去购买意愿。所以，确保零售可得性尤为关键，要让消费者能够在极短时间内获得自己想要的商品。从这一角度上看，也就不难理解为何京东、阿里巴巴等电商企业，大力发展当日达、次日达等极致配送服务。

（2）体验。

消费升级背景下，消费者不仅想要购买产品，还想要获得优质服务与良好的购物体验，购物中心等零售业态会在门店中增加游乐场、电影院、餐饮区等服务区域也正是这个道理。

(3) 内容。

为消费者提供优质内容，可以让零售企业和消费者进行深层次交流互动，刺激用户进行口碑传播，为企业品牌建设提供强有力支持，为此，零售企业必须建立专业的内容运营团队。

- **无人零售模式发展的三个阶段**

近两年，无人零售无疑成为零售界关注的焦点，从零售业长期发展来看，无人零售是零售业不断发展演变的必然结果。纵观零售业发展史，由于市场环境及用户需求的变化，零售业经历了散货店、杂货店、夫妻店、连锁店、电子商务等一系列变化，无人零售的出现，是消费升级、人力成本不断增长等多种因素综合作用的结果。那么，无人零售将会给零售业带来怎样的改变？未来的零售业又将进化为何种形态？

主题商店、品牌体验店、智能无人店是传统实体门店演变的三大方向，部分创业者及企业在这三大方向进行探索实践过程中，通过商业模式创新产生了强大的示范作用。主题商店通常以某一元素为主题，利用植入情感及文化的内容沉淀忠实用户，被称为“美食界宜家”的Eataly，以及国内“泛滥”的韩流店等都是典型代表。

品牌体验店则是线上品牌为用户提供一个实际体验商品及服务、和品牌方进行深层次面对面交流的零售空间。近几年，互联网企业对打造品牌体验店尤为重视，纷纷以自营或合作加盟的形式补足线下短板。

和传统零售商店相比，智能无人店具有更高的经营效率、更低的经营成本，而且易于实现标准化，能够在全国甚至全球范围内进行大规模复制，存在几乎没有天花板的发展空间。长期来看，主题商店、品牌体验店及智能无人店作为零售门店的三大方向，在未来相当长的一段时间内将会长期共存，共同满足广大消费者个性化、多元化的消费需求。

和传统零售门店相比，智能无人店可以看作一种小而美的零售店，就如同20世纪90年代的街口杂货店模式一般，每家街口杂货店都为周边1～2公里的民众提供各类生活必需品，不过如今的智能无人店密度及智能化水平更高，和居民距离更近。

在消费升级、用户个性化需求被充分释放的背景下，发展小而美商业是企业界的必然选择。企业需要对目标用户进行精准细分，服务对象也从大众转变为部分人群甚至是个体用户。传统零售的规模化、同质化产品及服务将会被精细化、个性化的产品及服务所取代。小型社区便利店的迅速崛起，商超百货的逐渐没落很好地证明了这一点。

长期来看，无人零售模式发展将会经过初级、割据相持及决战三个阶段（见图3－3）。

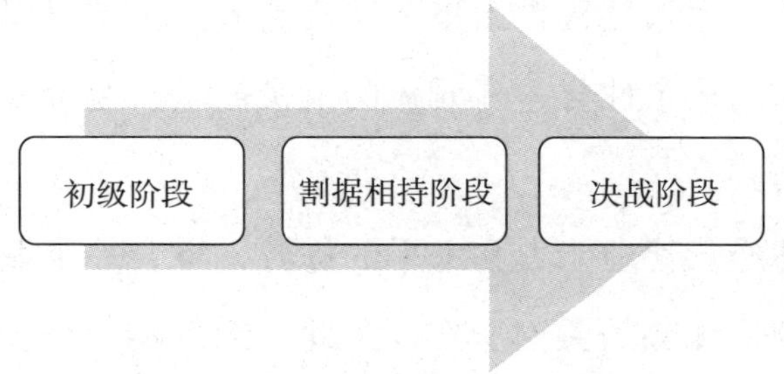

图3－3 无人零售模式发展的三个阶段

1. 初级阶段

如今的无人零售正处于初级阶段，创业者及企业大量涌入，资本方提供源源不断的资金支持，推动无人零售概念推广普及，技术及设备研发不断深入。当然，得益于资金、技术等方面较低的门槛，无人货架规模最为庞大。此时在技术研发及供应链管理方面具有领先优势的企业在市场竞争中容易占得先机，并受到资本方的格外青睐。

2. 割据相持阶段

进入割据相持阶段后，无人零售被大众广泛认知并接受，企业的炒作概念等行为明显减少，更为注重进行技术研发及供应链升级。该阶段，企业要从技术研发、供应链、用户运营及线下管理四大无人零售核心构成要素方面发力。

无人零售市场规模持续稳定扩大，将助推物联网、RFID、人工智能、传感器等技术及设备的升级，有效提高无人零售的经营效率，并降低其经营成本，此时具备较强创新能力的企业将取得领先优势，有望在用户及资本的支持下成为行业巨头。

越来越多的供应链服务商加入，将从供应链角度促使无人零售进行转型升级，无人零售供给更为精准高效，甚至可以实现定制供给，充分满足用户个性化、多元化的消费需求，迎合人们日益增长的美好生活需要。

企业整体经营管理能力和水平的提升，将会是企业能否在市场竞争中取得领先优势的关键所在，为此，无人零售企业要做好人才引进及培养，做好团队建设及组织架构优化，为员工提供公平、公正的发展平台，充分激发其活力与创造力，员工实现自我价值的同时，为企业创造更高的价值。

3. 决战阶段

进入决战阶段后，更加比拼企业的创新能力，在激烈复杂的市场竞争中，传统思维及模式无法发挥作用，需要企业积极引进新技术、新思维、新模式及新理念，积极和上下游企业进行深入交流合作，通过产业链的高效协同联动应对复杂多变的市场环境和用户需求。

此外，从出行、外卖、团购等诸多行业的实践案例来看，在行业决战阶段，价格战会异常惨烈，因为该阶段的无人零售市场相对成熟，和其他竞争方式相比，价格战虽然简单粗暴但极为有效，这就对企业的融资能力提出了极高的要求。

● 无人零售模式落地的四大要素

无人零售凭借降低人力成本、提高交易效率及用户体验等诸多方面的优势而受到了企业界的一致青睐，发展前景十分广阔，但其实现难度极高，对技术及设备发展有较高依赖性，需要长期投入大量资源与精力。想要发力无人零售，企业必须具备前瞻性与战略性思维，能够制订出一套系统完善的无人零售综合解决方案。

无人零售可以看作一种新零售的衍生业态，是对传统零售的创新发展，从技术研发角度看，它需要应用大数据、云计算、物联网、人工智能等一系列新技术与设备。从供应链角度看，它实现了高效精准供应，可以满足消费者的个性化需求。从用户运营角度看，它传承了互联网思维，对用户体验及个性需求高度重视。从线下管理角度看，它由动态服务取代定点服务，由近距离高密度服务取代远距离低密度服务。

部分学者认为无人零售所需要的技术及设备尚未成熟，在可预见的未来难以落地，终究只是一场泡沫，但事实真的如此吗？答案当然是否定的。无人零售的落地是一项长期而复杂的系统工程，是一场持久战，并不是一场泡沫。

无人零售的真正落地，必须克服四大挑战，也就是技术研发、供应链、用户运营及线下管理。

无人零售落地是持久战，很大程度是由其技术研发、供应链、用户运营及线下管理这四大要素决定的。

（1）技术研发。

无人零售的技术研发（或者说是产品形式）主要包括三大类：无人便利店、无人货架、无人售货机。涉及的技术有图像识别、RFID、生物识别、自动电子锁等，这就在技术及硬件研发方面提出了较高的要求。以深兰科技提出的无人零售解决方案为例，它主要是通过机器视觉、自然语言处理等AI（人工智能）技术建立的智能系统对无人零售门店进行管理。

对于广泛关注的偷盗商品问题，深兰科技主要从三个方面予以解决：其一，在视觉方面，借助高帧数及高清晰度的摄像头对门店进行实时监测；其二，在布点方面，在无人零售门店中进行全方位、立体化、多角度的监控布点；其三，在算法方面，当人手开始接触电子柜台时，利用实时距离算法、实时轮廓算法对手和商品的连接关系进行分析，如果人离开后，商品在未被购买的情况下消失，就视作手的主人带走了商品。

（2）供应链。

无人零售供应链主要包括三种形式：总仓、前置仓及“总仓+前置仓”。不过这三种形式都处于买卖采购的初级供应关系阶段，未能像7-11等零售巨头般结合数据分析，进行定制供应，也不像传统商超百货一般通过建立大型仓储设施，在仓储容量及采购价格方面取得明显优势。因此，未来无人零售在供应链方面发力的重点应该是结合对海量数据的实时分析，实现及时补货及定制供应。

（3）用户运营。

用户运营方面，无人零售针对差异化的零售场景从线上线下渠道引流，并将流量信息化、数字化，未来有着广阔的发展空间。

无人零售应用了互联网思维，实现线上线下渠道覆盖，从品类、场景、时间段等多维度进行用户分析及运营，显著提高了用户管理效率及精准度。在沉淀了足够规模的用户后，无人零售可以通过实施定制营销及服务，深度发掘用户潜在价值，同时利用流量自身的社交属性，实现“一传十、十传百”的口碑传播。

（4）线下管理。

对于线下管理，无人零售并非简单追求规模，而是更加强调单点运营效率。和传统实体零售相比，无人零售的线下管理存在着明显差异，门店（包括货架、柜台等）选址得到了极大拓展，除了商铺外，社区、公园、学校、写字楼、体育馆等各类开放空间中都可以投放，而且因为其占地规模较小，租金明显低于传统门店。

考虑到无人零售的线下网点是近距离高密度布局，及时补货并控制补货成本显得尤为关键，为此，零售企业需要打造专业的线下运营团队，同时结合众包物流等配送形式控制物流成本。

综合来看，无人零售的落地并非是一件简单的事情，企业想要在这场持久战中取得胜利，不仅要长期坚持，更要以开放、共享、共创、共赢的思维，引入更多的合作伙伴，在整合资金、人才、技术等优质资源的同时，控制转型风险。

- **利用技术实现购物过程数据化**

人们进行电商购物时，需要为商家提供个人身份信息、联系电话、家庭住址等各类信息，同时，消费者在电商平台中的浏览、搜索、评论、收藏等信息也会被记录下来，从而为电商企业进行大数据分析奠定坚实的基础。而在传统零售实体店中，企业获得的消费者信息相对较少，即便让消费者成为会员，获得的信息也通常只是姓名、联系电话、微信号等，对消费者了解相对不足。

无人便利店为解决线下零售用户数据相对较少问题提供了有效途径，它能够实现整个购物过程数据化，获得的数据比传统电商更为全面。

得益于大数据未来的惊人潜能，缤果盒子、F5 未来商店等无人零售便利店项目虽然上线时间相对较短，但已经获得了资本方的大力支持，比如：缤果盒子于 2017 年 5 月完成 A 轮融资，金额超 1 亿元；F5 未来商店于 2017 年 6 月完成 3000 万元的 A + 轮融资。

数字经济时代，在数据资源掠夺战中取得领先优势的企业将具有更多的话语权，就像渠道为王的工业时代，掌握渠道的商超百货成为行业巨头，以及流量为王的传统互联网时代，电商平台强势崛起一般，大数据红利会使优质数据资源持有者获得相当惊人的利润回报。

技术及工艺的不断进步，使零售企业很难通过生产独特产品来建立领先优势，更为有效的方案是通过大数据分析掌握消费者的需求，并高效精准地将产品提供给消费者，最终使企业构建出强大的市场竞争力。

为何资本方对通过便利店进行数据收集、分析及应用尤为青睐？便利店和用户距离较短，是高频消费场景，也是人们本地生活的重要组成部分。

事实上，数据收集、分析及应用在多年前就已经被 7 – 11 等便利店巨头所采用，只不过由于当时的技术、设备限制，数据处理以人工为主，比如：7 – 11 收银员通过和消费者进行目光接触和交流，利用特制键盘将消费者年龄、性别、购买力等数据记录下来。

进入互联网时代后，7 – 11 引入数据系统，将天气、消费金额、消费时间以及商品品类等数据综合起来，建立大数据分析模型，为门店选品、库存、陈列等提供数据支持。据统计数据显示，大数据分析模型的使用，使 7 – 11 销售额增长了超过 30%，同时降低了超过 10% 的成本损耗。

无人便利店通过各种新技术与工具进行数据收集、分析及应用更为高效便捷，以 Amazon Go（亚马逊无人便利店）为例，它能够利用红外线和光幕构成的货架平面对消费者是否拿出商品进行判断；通过视频监控和图像识别记录消费者在门店中的行为轨迹；结合门店经营数据，对商品价格进行优化调整，实现价值最大化等。也就是说，未来无人便利店在用户调研方面将会爆发出前所未有的惊人能量。

阿尔法围棋击败李世石的新闻曾经引发了世界范围内的广泛热议，甚至引发了埃隆·马斯克、斯蒂芬·霍金等各行业大咖对人工智能可能会毁灭人类的担忧。事实上，人工智能技术发展水平达到科幻电影《黑客帝国》中的高度恐怕还需要相当长的时间，但人工智能零售的落地并不遥远。未来，我们可能会发现身边的无人便利店会提供各种符合我们个性化需求的商品，而且无人便利店支持现场体验，提供售后服务。

根据用户数据分析，这些无人便利店会对商品种类、陈列、价格等进行不断优化完善。从技术角度来看，人工智能本身具备自我学习能力，通过长期的数据积累，其决策效率与精准性将会得到显著提升。

- **案例实践：无人零售运营策略**

Amazon Go、便利蜂、快猫 Take Go、缤果盒子、小 e 微店和 F5 未来商店等无人便利店项目吸引了社会各界的广泛关注。下面逐一进行详细分析。

（1） Amazon Go。

2018 年 1 月，Amazon Go 在西雅图开张营业。Amazon Go 可以自动在用户亚马逊账户中扣费，实现“免支付”。用户通过门店入口的相关设备扫描后进入门店，选择完想要购买的商品（包括生鲜和食品两大类）后，直接离开即可。Amazon Go 定位为自动化便利商店，门店经营面积在数百平方米至上千平方米。Amazon Go 的运营流程如图 3－4 所示。

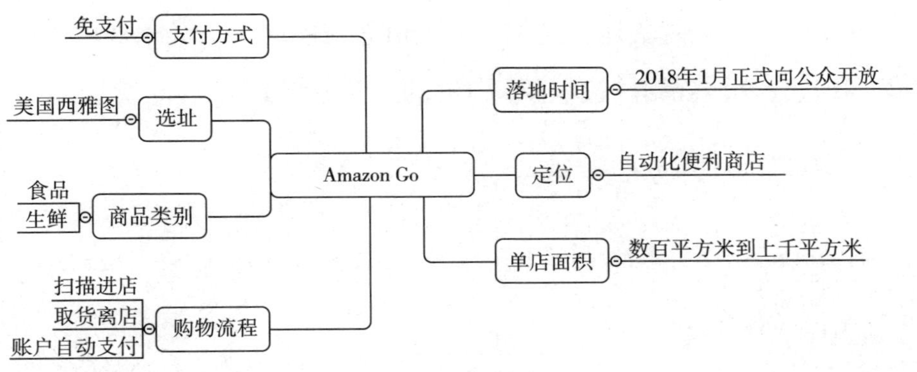

图 3－4 Amazon Go 的运营流程

（2）便利蜂。

便利蜂采用扫描支付的方式。消费者需要下载 App，对商品条码进行扫描支付，之后将支付二维码提供给门店的管理系统就完成支付。便利蜂门店经营面积在几十平方米至数百平方米，2017 年 2 月在北京开设首家门店。便利蜂的运营流程如图 3－5 所示。

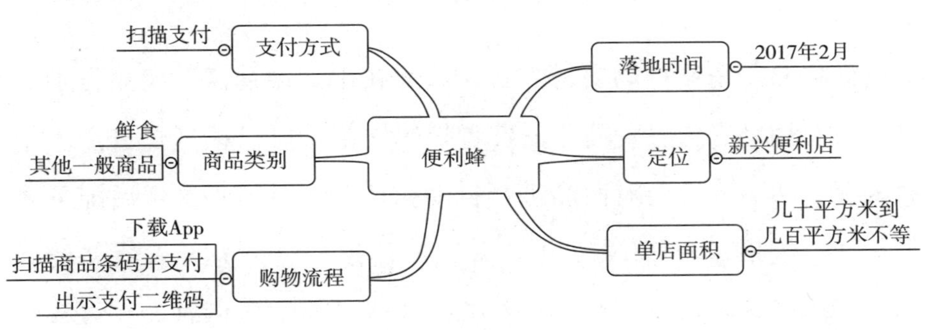

图 3－5 便利蜂的运营流程

（3）快猫 Take Go。

和 Amazon Go 类似，快猫 Take Go 也采用了免支付方式。消费者进门前要经过门店的专业设备进行扫描，选购完商品后系统自动扣款。快猫 Take Go 门店选址在商务楼、地铁、科技园区及高端社区，于 2017 年 2 月正式落地，定位为无人值守智能门店，尚未对门店经营面积进行具体规划。快猫 Take Go 的运营流程如图 3－6 所示。

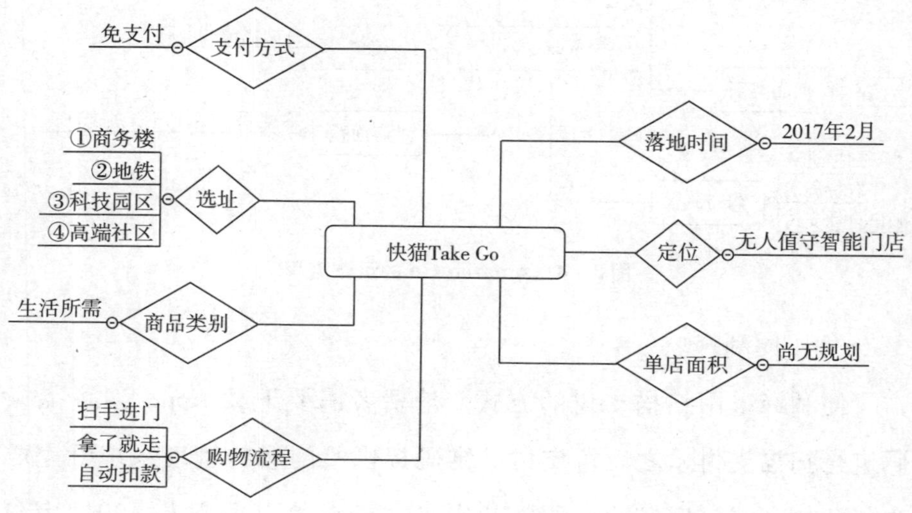

图 3－6　快猫 Take Go 的运营流程

（4）缤果盒子。

缤果盒子采用扫码支付方式，选址在中高端社区，商品类别为饮料、日用品、应急货品。消费者扫码进店后可以根据自身需求选择商品，然后系统会对商品进行自助扫描，完成扫码支付后即可离开门店。缤果盒子于 2016 年 8 月正式落地，定位为无人值守便利店，门店经营面积分为 12.48 平方米和 15.6 平方米两种。缤果盒子的运营流程如图 3－7 所示。

（5）小 e 微店。

小 e 微店同样采用扫描支付方式，选址在高端写字楼及科技园区，商品品类包括零食和饮料两大类。消费者通过手机扫码并进行移动支付后即可完成自助购物。小 e 微店于 2016 年年底正式落地，

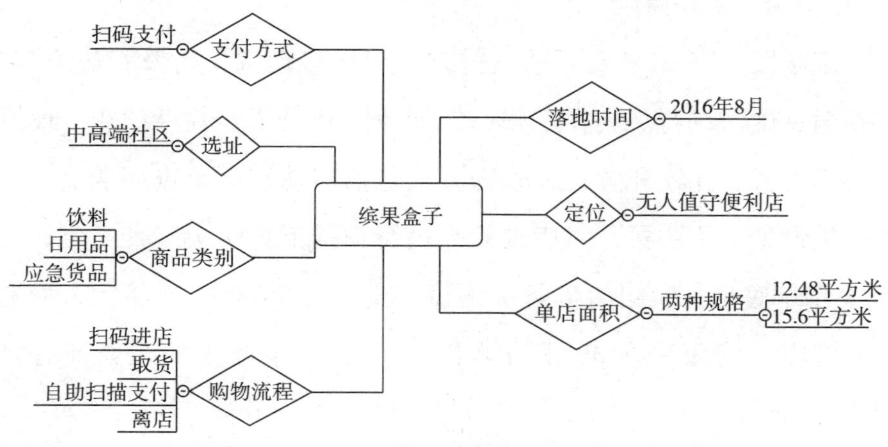

图 3－7　缤果盒子的运营流程

将自身定位为无人值守的自动超市和自动货架，以开放式购物柜形式为用户服务。小 e 微店的运营流程如图 3－8 所示。

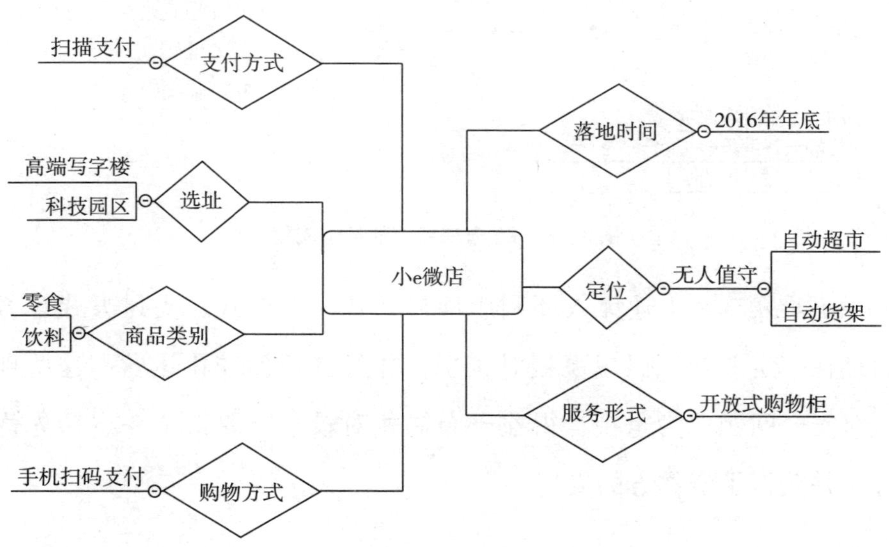

图 3－8　小 e 微店的运营流程

（6）F5 未来商店。

现阶段，F5 未来商店的支付方式包括移动端支付及扫码支付，都是通过微信进行。其在广州、深圳地区开设了实验性门店，商品品类为百货、冲饮和鲜食，购物方式包括移动端下单进店取货、店内终端设备下单购买、对店内商品进行扫描下单购买三种类型，于 2016 年年底对实验门店进行了测试，定位为 24 小时智能无人便利店，门店经营面积在 30 平方米以上。F5 未来商店的运营流程如图 3－9 所示。

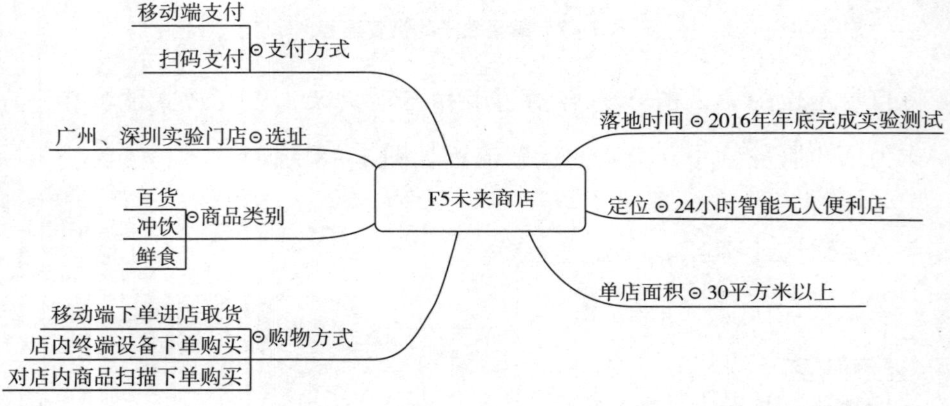

图 3－9　F5 未来商店的运营流程

不难发现，上述无人便利店项目在技术、形式、支付方式等方面存在一定差异，但规模相对较小，并且进行标准化运营。这些项目对安全问题尤为重视，得益于布局相对较早，取得了一定领先优势，并获得了资本方的支持。

第四章

数字零售：
技术驱动下的零售业转型

第一节　数字化运营：开启智慧零售新模式

• 数字零售：开启第四次零售革命

2017 年 7 月 10 日，刘强东在《财经》杂志发表署名文章《第四次零售革命》，文章中强调未来 10 年到 20 年，零售业将迎来第四次零售革命。该文章当时迅速引发了零售界的广泛热议，在社交媒体中产生了一系列的话题讨论。

刘强东认为百货商店、连锁商店、超级市场后的第四次零售业革命将会以日益完善的零售基础设施，以及对“成本、效率及体验”产生深远影响的价值创造与价值获取方式为核心。

从本质上看，我们可以将第四次零售革命理解为互联网时代传统零售业的数字化转型。何为数字化转型？数字化转型是利用移动互联网、物联网、大数据、云计算等信息技术及相关设备将此前存在信息孤岛、效率低下等诸多弊端的行业运营管理模式进行改造升级，实现信息化、网络化、智能化。近几年，各行业掀起的“互联网 +”热潮就是数字化转型的一种表现形式。

当然，行业开启数字化转型后，传统的竞争规则、运营管理模式将变得不再适用，行业将有望迎来重新洗牌，零售业亦是如此。零售企业对自身的组织架构、商业模式、管理模式等进行优化调整将成为必然选择。

在传统零售行业中，企业对消费者缺乏足够的认识，而且由于市场处于供不应求的状态，企业缺乏了解消费者的积极性。虽然很多购物中心、百货商场等传统零售企业引入会员机制来收集消费者信息，但能够获得的数据是相当有限的，无法为企业采购、营销、仓储等提供足够的数据支持。

长期以来，传统零售企业在获取数据时，往往是对购物账单、交易额数据给予高度重视，而对消费者在购物过程中的数据所知甚少，比如消费者什么时间进入门店、浏览了哪些商品、体验了哪些商品、在不同品类商品前的停留时间、在门店中的行走轨迹等，仅在消费者到收银台结账时，商家才能够获得有限的购买品类、交易额等数据。对于那些进入门店后却没有购买的消费者，商家也缺乏有效手段刺激其进行购买。

和传统实体零售相比，电商在收集用户数据方面有了极大的进步，即便用户没有在平台注册，也能根据网页的 cookie（储存在用户本地终端上的数据）来识别用户，无论用户是由官网引入，还是由搜索引擎进入，抑或是通过点击电子邮件链接进入，企业都能对其进行精准识别。平台通过对用户在每个商品页面中的停留时间、是否观看商品介绍视频、是否将商品收藏至购物车、购买时的支付方式、送货地址等各类信息进行收集与分析，显著提高了营销精准性。

进入移动互联网时代后，各类 App 的大量涌现使信息采集变得极为便利，成本显著降低，效率得到大幅度提升，地理位置、搜索数据、浏览数据、评论数据、购买数据、出行数据等各类信息被存储到数据库中，企业再通过大数据、云计算等技术对其进行分析，能够为运营管理提供强力支持。可见数据已经成为企业参与市场竞争的重要战略资源。

零售业的数字化转型，将实现线上线下一体化运营，而赋予实体零售数字化能力，使其能够像电商一般对数据进行全方位收集、分析及应用，是零售业数字化转型要完成的基础工作。

消费者进入门店的一瞬间，摄像头就会对消费者进行精准识别，后台系统立即调用数据库的信息，从而帮助门店导购人员为消费者提供精准优质服务，而且消费者在门店中的行为轨迹会被全面记录，当消费者在某款产品前犹豫不决时，后台系统可以向其手机 App 发送代金券，从而激发其购买欲望。

对于那些消费者停留时间普遍较少的货架，后台系统将会提醒商家对品类进行优化，或举办促销活动，并为商家提供品类优化或促销活动参考方案。这种情况下，线下零售不但能够充分发挥其产品体验及服务方面的优势，还能借助数字化改造所带来的网络化、智能化能力，为消费者提供前所未有的极致购物体验。

在第四次零售革命中，通过数字化手段对零售设施进行改造升级，在使其实现可塑化、智能化、协同化中扮演了十分关键的角色。近几年，海内外零售巨头纷纷发力的无人零售，可以看作数字化手段赋能实体零售的典型应用。在亚马逊 Amazon Go 等无人便利店中，通过扫描二维码识别消费者，摄像头会对消费者的浏览、取货信息进行记录，实现消费者购物全过程追踪，人脸识别、语音控制等一系列数字化科技在未来的无人零售门店中将会得到广泛应用。

对于广大传统零售企业而言，想要抓住第四次零售革命所带来的重大发展机遇，必须积极实施数字化转型升级，对门店设备、系统等设施进行改造的同时，更要对组织架构、思维模式、管理理念进行革新，只有这样，才能在激烈的市场竞争中成功突围。

- **零售企业数字化转型的三个步骤**

互联网时代，遭受电商强烈冲击的传统零售企业纷纷实施转型升级，然而在其转型升级之路尚未取得实质性突破时，被其视为效仿对象的电商企业也纷纷陷入发展困境，流量成本持续攀升，服务与体验缺失短板愈加凸显。线上线下相结合的新零售成为主流趋势，而数字化是零售企业转型新零售的必然选择，一批富有探索精神的零售企业已经开启了数字化转型探索之路。

1. 探路数字化

零售业数字化发展要从商品、服务、场景等诸多方面进行改造升级。传统工业时代，人们的购买力相对有限，对商品性价比、实用性、耐用性尤为关注，热衷于买各种促销折扣商品，但如今人们的购买力显著提升，尤其是渐成新一代消费主体的“80后”“90后”甚至“00后”对购物过程中的服务、体验等精神与情感层面的享受尤为重视。

以阿里巴巴旗下的盒马鲜生为例，盒马鲜生采用了线上线下相结合的运营模式，经过数字化改造的线下门店具有展示、销售、仓储、物流、用户体验、餐饮、售后服务等诸多功能，可以为消费者提供超乎预期的服务。

销售场景升级受到了越来越多零售企业的重视，企业尽可能地通过更多的接触点和消费者进行互动交流。以大商集团超市为例，大商集团超市为所有的商品配备了一个电子二维码，这样消费者在超市中购物时，可以通过扫描二维码了解其详细信息，并将其收藏起来，从而为超市的营销推广带来诸多便利，比如企业针对认为商品价格较高的消费者提供优惠券，针对没有找到合适颜色或型号的消费者推送上新提醒等。

2. 调整企业基因

和电商企业相比，传统零售企业缺乏互联网基因，在客户关系维护、物流配送、营销推广等方面处于劣势，想要完成转型升级，传统零售企业必须对自身基因进行优化调整。

以王府井集团为例，2016 年 11 月，王府井集团完成了对市场部、电商公司及全渠道项目组的整合，建立全渠道运营中心。毋庸置疑的是，全渠道运营和单纯的门店运营存在明显差异，对单纯的线下门店运营而言，商品品类丰富确实可以给消费者购物带来诸多便利，但在全渠道运营模式中，如果盲目扩张商品品类，不但无法给消费者购物带来便利，反而会给消费者造成选择困难，提高消费者的购物时间成本。

除了建立全渠道运营中心外，王府井集团不断增强从线上尤其是从移动端到线下的引流能力，充分利用门店服务号矩阵和消费者进行实时交互，显著提升服务响应及时性。

在传统零售中，流量思维大行其道，有实力的企业投入巨资抢占各种黄金地段，然而随着科技快速发展，移动互联网、物联网、智能手机等技术与设备的推广普及，连接关系逐渐成为商业核心，商家追求的不再仅是达成单次购买，而是建立长期稳定的连接关系，在各种移动化、碎片化场景中为消费者提供优质服务，通过为消费者创造价值获取更高的利润。

3. 逐步开启全渠道

布局全渠道是传统零售企业数字化转型的直接体现，它使企业全方位了解消费者、服务消费者，而消费者也可以和企业进行深入沟通交流，将自身的个性化需求反馈给企业，以此提高交易效率，促使供需更趋平衡。对于采用全渠道运营模式的企业而言，线下门店的产品展示和体验作用将会被进一步放大，对消费决策的影响力也将进一步提升。

数字化转型确实建立在企业内部信息化建设基础之上，但实现内部信息化仅是基础，企业还必须实现运营的数字化、网络化、智慧化。为了获取更多的流量支持，很多零售企业推出了各种优惠活动，但这种玩法带来的流量缺乏精准性，难以沉淀忠实用户。想要真正获得高质量用户，企业需要和产业链上下游合作伙伴协同联动，充分利用大数据、云计算、人工智能、虚拟现实等技术给消费者提供极致购物体验。

传统零售企业完成全渠道建设并非一件简单的事情，除了解决线上遇到的各种问题外，实体零售业属于重资产行业，对门店运营、商品管理、供应链管理等存在较高的要求，为此，传统零售企业需要以共创共赢的态度和合作伙伴进行战略合作。

京东到家背靠京东电商平台积累的海量活跃用户，截至 2018 年 3 月 31 日，京东年度活跃用户（过去 12 个月至少有一次购物行为）

数为 3.02 亿人，其可以为与之合作的商户提供流量支持，而且支持商户通过店内广告位、用户通知、平台优惠合作等方式进行线上推广，有效提高企业经营效率。

● 良品铺子：数字化门店运营策略

“新零售”这一概念正式进入人们视野后，就受到了零售企业的广泛关注，并且实现了迅猛发展，尤其是在 2017 年。因此，有人认为 2017 年是新零售元年。事实上，行业不同，企业不同，其对新零售的看法也不同。很多普通的社会公众对新零售的了解大多来自身边出现的新事物，比如盒马鲜生、无人超市、无人货架等，这些新事物的出现给人们的生活带来了极大的改变。

新零售的成功推行不仅需要企业拥有战略性眼光，从战略层面进行布局，还需要数字化技术提供有效支撑。在互联网时代，只有真正实现线上线下融合，引入新技术，数字化的新零售才能让消费者享受到新的体验。随着消费不断升级，传统的、单一的购物方式已无法满足消费者多元化、个性化的购物需求。于是，在不断发展的新技术的推动下，零售企业开始朝全渠道转型发展，以带给消费者极致的购物体验。

2006 年良品铺子成立，2012 年，良品铺子在天猫开设旗舰店，开始发展互联网电商，成为湖北省早期“触网”的传统零售企业之一。2016 年，良品铺子的年营收突破 60 亿元，其中线上收入 20 亿元，在总营收中的占比约为 1/3。2017 年“双十一”期间，良品铺子全渠道销售额突破 2.2 亿元，“双十二”期间销售额达 1.5 亿元，销售业绩令人羡慕。

良品铺子从传统零售商向新零售的转型不是故意为之，而是顺应消费者信息获取方法及交流手段的改变做出的决策。为顺应数字化时代的发展要求，良品铺子广泛学习、借鉴。比如，向苏宁学习创新转型精神，向小米学习互联网思维等。为了做好数字化转型，良品铺子从内外两方面采取了措施。对内，良品铺子转变管理者思维，对组织架构进行合理调整；对外，良品铺子与 IBM（国际商业机器公司）、SAP（恩爱普）、华为等互联网企业建立了合作关系。

比如 2014 年 8 月，为了购买 ERP、CRM、Hybris 系统软件，良品铺子与 SAP 公司签订了购买与授权协议。利用这些软件，良品铺子解决了多渠道信息汇总问题，真正实现了数字化，开展全渠道运营。

良品铺子借助数字化打通了以下五大渠道。

（1）线下门店。

2017 年，良品铺子的线下门店超过了 2200 家。

（2）本地生活频道。

良品铺子与饿了么、京东到家等平台合作，与支付宝、微信等第三方支付平台对接，构建了线下支付渠道。

（3）社交电商。

良品铺子利用微信、微博、贴吧等平台开展营销活动，开通了自己的官方微博、官方微信公众号。

（4）第三方电商平台。

良品铺子在天猫、京东商城、1 号店等电商平台开设了旗舰店。

（5）手机 App。

良品铺子开发了自己的手机 App。对良品铺子来说，未来手机客户端将是一个效率最高、功能最强大的渠道，能全面打通前面四条渠道，与消费者建立实时链接，为消费者提供更加精准的服务。

在信息化和大数据的支持下，良品铺子的全渠道拥有了两项特殊功能——“通”与“同”。其中，“通”指的是打通各个渠道，让消费者在不同平台上的信息为全渠道共享，比如权益等。“同”指的是让消费者在不同的渠道享受相同的购物体验。全渠道可以为零售企业带来很多价值，比如为零售企业带来更多发展机会，提升零售企业的运营效率，帮零售企业开展精准营销。

随着数字化运营不断推进，针对全渠道运营的建立，良品铺子推出了“新四化”运动。

第一，门店互联网化，其核心就是利用互联网技术，以门店为核心，打通全渠道、全数据、全会员；第二，社群化，就是打通微博、微信，开展社交营销；第三，本地社区化；第四，公司业务电商化。

良品铺子的经营者认同马云关于新零售的看法，认为将来线上电商与线下实体店铺之间的边界将越发模糊，二者终将走向融合，商业活动将实现数字化、电商化。在传统的零售理念下，购物就是交易，交易结束，店铺与消费者的关系也随之结束。但在完成数字化改造之后，良品铺子会将所有与之发生互动、交易的消费者记录下来，如果这些消费者在社交平台发布相关内容，系统就会收集、记录这些内容，并对其精准分析。

杨银芬总裁对良品铺子的未来发展方向做了规划：希望借去中心化、去平台化的趋势对传统的线下门店进行改造，对门店运营流程进行优化调整，使其发展成为一个高品质零食消费者入口。对于良品铺子来说，这一设想完全可以实现。

因为良品铺子在线下拥有2000多家门店，几乎每个门店都安装了液晶显示屏，这些屏幕就是内容推送渠道。据统计，良品铺子每家线下门店每天至少接待60万名消费者，成交20万单，至少使用20万个纸袋，这些纸袋将会对200万人产生影响。同时，在实现会员数字化之后，借助数字化运营，良品铺子可以利用零食分发流量。对于新零售来说，这是一种新模式，具有极其重要的意义。

- **实践启示：打造极致新零售体验**

传统零售企业要想做好新零售必须制订完善的计划，并保证这些计划顺利落地。良品铺子的数字化就是如此，数字化项目的落地为其数字化转型做好了统筹规划。从2017年8月开始，良品铺子从自己的优势业务切入制定了四大发展战略：一是产品差异化战略，二是围绕用户做品牌战略，三是全渠道数字化运营战略，四是平台化自组织运行战略。

良品铺子之所以制定这四大发展战略，主要是因为现实业绩与理想业绩之间存在一定的差距。从结构上看，这种差距有两种类型：一是业绩差距，二是机会差距。其中业绩差距指的是对现实经营业绩与理想经营业绩差距的量化陈述，机会差距指的是对现有经营结果与新业务经营结果差距的量化评估。企业要想填补业绩差距要提升执行效率，无须改变业务设计。而企业要想填补机会差距则需要改变业务设计，设计一种新业务。

经过深入沟通、反复协商，最终良品铺子决定从用户、商品、运营三个角度切入，对数字化转型进行规划，公司上下使用同一种语言与框架使业务和数字化转型工作实现连接，让其在信息系统能力建设中得以落实。

1. 用户

良品铺子由于缺乏交互工具，还无法直接触及用户，无法对用户进行有效识别，无法了解目标用户群体的需求，没有将客分到人，建立人与客利益驱动机制。因此，在接下来的工作中，良品铺子会着手构建人客合一机制、用户精准营销模型、用户洞察体系、社群互动机制，让品牌与用户建立紧密联系，深入了解用户，挖掘用户的真实需求，让其享受到超预期的购物体验。

2. 商品

全渠道全链条产销协同、产品细分市场经营、商品精细化运营等战略需要具体到业务人员，由他们负责执行。

例如，产品资源中心负责推行产品细分市场经营战略，通过获取、分析用户需求进而对消费场景进行细分，从为产品寻找用户转变为为用户研发、生产产品，以满足用户个性化的消费需求，同时与商品销售部门实现联动，将产品送到用户手中。

销售计划中心负责推行商品精细化运营战略，进行科学决策，实现商品的精准配置，从而提升商品运营效率及工作人员的工作效率。通过对用户体系进行梳理，缩短任务完成时间，并在任务执行的过程中不断反思、总结，不断对战略进行优化。

3. 运营

未来，良品铺子将采取一系列措施提升渠道终端的竞争力，比如完善门店形象评估体系、承接商品运营体系、构建用户终端服务体系、完善小组制运行体系等，为企业的数字化转型提供强有力的推动力。除此之外，良品铺子将实现端到端高效协同管理，在线监督各项业务活动的开展，达到共享互动平台增进员工之间的沟通交流，充分激发员工潜力，有效扩大产品运营范围的效果。

第二节 大数据零售：推动零售业技术变革

• 策略1：打通线上线下会员体系

近几年，O2O 的星星之火已发展为燎原之势，整个零售行业都在探索 O2O 的实现模式。大型零售企业希望可以借 O2O 转型重新焕发生机，小型零售企业希望可以借 O2O 模式迈进一个全新的发展阶段。但在实践过程中，很多零售商都对 O2O 产生了错误认知，线下零售商认为 O2O 就是开通线上商城，开发手机客户端，开展社交营销；线下零售商认为 O2O 就是开设实体店铺，这些都是对 O2O 的浅层次理解，并没有触及 O2O 的核心。

有些大型零售企业认识到 O2O 是线上线下一体化，需要利用大数据深入了解消费者，把握消费者需求，开展精准营销。但这些零售企业缺乏相关技术，没有数据来源，无法统一识别线上顾客与线下顾客，所以无法真正形成 O2O 闭环。零售企业要想做好 O2O 商业模式的构建，必须打通 O2O 双向数据，增强自身的数据挖掘能力，实现线上线下交易无缝衔接，让消费者体验、反馈一体化。

具体来看，零售企业可打通线上线下会员体系，对同一个会员进行有效识别；开展全触点数据采集工作；创建大数据管理平台，为构建个性化营销系统提供有效支撑，为零售商的会员管理、会员精准营销提供辅助。另外，通过这三项举措，零售企业可对线上、线下数据进行整合，增强大数据挖掘与分析能力，精准刻画消费者，开展精准营销，以做出科学、有效的经营决策。

1. 打通线上线下会员体系，构建一体化的供应链体系

零售商要以消费者触点为核心，将线上线下会员体系打通，构建一体化的供应链体系，为O2O模式的实现提供有效支撑。

线上线下会员打通：零售商要创建会员唯一标识，对用户开展全渠道认知，以会员体系为基础对会员进行识别、追踪、服务，让线下、线下成熟的会员营销经验实现有机融合。

供应链一体化：货物、物流、交易活动进行统一管理，同时要避免渠道相互影响。

用户触点建设：将线上触点、线下触点融于同一会员体系。

2. 全触点数据采集，构建完整的用户数据全息图

零售企业要改变数据收集方式，需要利用蓝牙、Wi－Fi，通过与商户POS机（销售点终端机）对接，精准绘制用户画像，获取用户交易行为与数据。同时，零售商要对自己的线上资源进行整合，比如App、微博、微信等，与第三方数据平台合作，获取更丰富的线上数据，从线上、线下两个渠道收集用户数据，以构建一个完整的用户数据全息图。

3. 构建个性化营销系统，为个性化精准会员营销提供辅助支持

线下零售个性化营销系统是根据线下业务的特点，以大数据管理平台的数据挖掘结果为基础创建的个性化营销体系。零售商通过场景体系确定营销触点，然后借消费者交易数据、行为数据分析明确消费者对商品品类的喜好、品牌倾向及消费能力，以掌握消费者的消费倾向。

另外，零售商可以根据消费者短期的消费意图和长期的消费偏好，借助规则算法向消费者推送个性化的营销信息，信息推送渠道可选短信、微信、App、电子邮件等，为消费者提供个性化的 SDK（软件开发工具包）及微信接口或短信接口。

- **策略2：创建数据分析管理平台**

零售商采集的用户数据经常存在以下问题，比如数据不规范、数据缺损、数据类型繁多等，为了保证数据分析结果的准确性，在进行数据分析之前，零售商必须对数据进行处理，让其实现标准化、结构化，进行初步的数据分析挖掘，之后才能将其用于大会员及零售经营分析，为个性化会员营销系统的构建提供有效支持。

另外，零售商在创建大数据管理平台之前要对线下业务特点及数据情况进行整合，将数据挖掘分析结果逐渐积累到一起。在平台构建的过程中，零售商要开展业务调研，对线下类目进行梳理，根据不同的业态创建标签体系。同时，零售商要做好数据调研，对数据源进行有效整合，通过数据调研与业务调研挖掘线下资源。数据的挖掘价值与数据精度密切相关，需要一边积累数据一边完善分析体系。

1. 对线下类目进行梳理，创建类目体系

类目体系指的是商品类目体系及具体的描述，是零售企业在线上商品类目数及相关品类描述的基础上创建的线下类目体系。

2. 根据不同的业态创建标签体系

以消费者的线下行为、交易特征为依据创建消费者标签类目体系，为数据分析所用。标签体系是零售企业利用线上、线下的数据，围绕消费者，根据其消费行为倾向所做的数据分析，从理论层面为数据标准化、规范化的实现奠定了基础，为线上线下数据整合提供了有效支持与助力。

以零售业的业务特点为依据，通过对数据需求进行充分调研，零售商利用自己在线上零售数据标签设计方面积累的经验，有针对性地对数据进行梳理、修改、完善，从而创建出合适的数据标签体系，满足零售业大数据建设及应用需求。

3. 做好实时触发的场景体系的建设工作

场景体系指的是通过对消费者行为的实时收集与分析，科学判断消费者的消费意图，从而触发个性化营销。

对于个性化营销来说，场景体系为其提供了一个有效接口，通过触点管理发挥出了两大功能：第一，对消费者当前的活动状态进行有效判断，以把握营销活动的开展时间；第二，以营销活动的开展为基础对消费者的消费意图做出有效判断，为营销内容的选择提供有益指导。

零售企业可根据业务需求定制大数据分析展示系统，将其从各个角度展现出来。比如，购物中心以从各个渠道获取的数据（线下会员数据、线下会员销售数据、线上补充数据等）为依据，根据人、店、场、圈、网5个层面的目标，以会员特征数据、会员消费数据、会员行为数据为核心，对数据分析维度与分析指标做出科学划分，对商场各核心经营目标分析中需要的场景进行全面覆盖，最终从各个维度对经营分析、决策支持进行分析。

大数据分析展示系统为购物中心的管理决策提供了有效支持，比如在投资前辅助管理者决策；在品牌引进、店铺招商调整等方面为管理者提供决策支持；在动线调整、经营状况跟踪方面为管理者提供日常管理支持；在跟踪营销效果方面为管理者提供营销支持等。

- **策略3：实现线上线下追踪整合**

在互联网时代，随着大数据在零售业广泛应用，各大电商平台的数据变现能力逐渐增强，于是，大数据受到了业界人士的广泛关注，也引发了一系列思考，比如大数据究竟是什么，大数据能否为我所用等。实践证明，不同行业应用大数据的方法不同，只有从行业特点与企业实际情况出发才能找到正确的应用方向与方法，让大数据发挥出应有的效用。下面我们就对大数据与零售业的融合方式进行深入分析，对其潜在的商业价值进行充分挖掘。

在零售行业，渠道对零售企业的销售业绩有直接影响。随着电商出现，传统线下通路与现代通路的划分日渐复杂，企业无法再像以前一样轻易掌握市场发展态势与规律。在此情况下，大数据为线下整合分析提供了一个有效武器，让零售企业可以更简单、全面、深入地了解市场。

1. 大数据帮企业解读零售市场格局

借助大数据，零售企业可以对渠道格局的划分及其变化做出有效把握。比如，凯度消费者指数发布报告显示，2017 年，我国快消品销售额同比增长 4.3%，相较于 2016 年高出 0.7%，说明我国快消品市场扭转了近几年的发展颓势，焕发出新的生机与活力。

报告显示，2017 年，电商渠道快消品的销售额同比增长 29%，六成以上的家庭选择通过线上渠道购买快消品，这说明大部分消费者已养成网购习惯，网购成为消费者常用的购物方式。另外，2017 年，电商渠道生鲜产品交易额同比增长 38%，生鲜产品正在成为超级流量入口，对于线下渠道亦如此。

由此可见，通过对线上线下数据进行融合监测，企业能实时把握市场发展态势，有利于企业打造差异化竞争优势，提升市场竞争力。

2. 平台间的大数据整合，把握消费趋势

现如今，线上渠道越发多元化，只有对不同平台间的数据进行整合，零售企业才能对市场消费趋势做出精准把握。每一种品类的商品都会在不同平台销售，再加上电商的出现导致商业模式越发复杂，在此情况下，企业只有以品类和消费者为导向，利用大数据技术对数据进行整合分析，才能对市场做出全面了解，对其发展趋势进行预测。

比如，中国智研咨询发布报告显示，2011—2017 年，我国 B2C 市场所占份额从 25% 增长到了 64%。未来消费持续升级，B2C 平台将继续开展规模性促销活动，利用大数据对其进行分析可知，B2C

市场所占份额将继续提升。

在线上、线下营销整合时代，利用大数据，零售企业可对市场销售情况做出全面掌握，比如品牌自身的市场表现，竞争对手的市场表现，商品在不同市场、不同渠道的销售情况等，并对影响销售的因素做出全面了解。在大数据的作用下，线上、线下测量可实现交互，零售企业可在短时间内掌握产品信息、渠道信息和销售信息，为市场布局提供指导。

- **策略4：大数据会员忠诚度管理**

对于零售企业来说，会员制度是非常重要的。利用会员积分卡，零售企业可获取各种数据，通过对这些数据进行分析进而采取相应措施，可有效提升会员的忠诚度。

1. 会员忠诚管理：尊重会员个性

每个会员都有不同的个性，尤其是新客户与活跃客户，他们的购买行为有各自的特点。一般来说，由于数据没有及时更新、数据不规范、信息稀缺等，零售企业非常容易忽略新客户。但零售企业要想发展更多高忠诚度客户，必须维护好与新客户的关系。另外，零售企业要及时发现客户流失风险，在其流失之前及时采取措施予以挽回。

同时，零售企业需要注意的是，每个活跃客户都有不同的价值。零售企业要及时利用大数据从多个维度对会员进行细分，了解每个会员群体的特征，对其产品关联性进行探究，从而为其定制个性化的沟通方案，以实现有效沟通，增进亲密度，提升忠诚度。

2. 大促活动的精益管理

对于零售商来说，节日大促是一种非常主要的市场营销手段。尼尔森认为：零售商在对自己会员的属性与特质有了充分了解之后，可根据针对性、可测量性、持续优化性等原则对大促活动进行精益管理。

零售商可对数据库信息进行建模分析，对会员购买某种品类商品的可能性进行计算，将购买可能性最高的会员挑选出来，实现目标会员定位；然后再根据这些目标会员的特质有针对性地向其推送商品，与其沟通交流；最后要通过活动效果对收益 KPI 进行考核，将会员反应记录下来，使会员忠诚度得以切实提升。

大数据不仅可以帮零售商把握市场发展趋势，增进与会员之间的关系，提升会员忠诚度，还能帮零售商对营销的有效性进行实时把握，对数字媒体的投资回报率进行闭环监测，让零售商每一份营销收入都能体现价值。

在大数据的作用下，零售企业摒弃了粗放型的营销方式，营销重点转向了消费者，开始推行精准营销。零售商可以利用大数据自行构建营销管理平台，刺激消费者购买，并对消费者的购买行为进行监测，让零售商对营销投入的价值产生直观认知。

数字媒体在不同的媒介应用中会产生不同的价值，在不同的消费群体中也会产生不同的营销效果。所以，零售商要根据自己的目标消费群体使用合适的数字媒体，对投放内容进行优化，保证投放的内容合适、恰当，从而打造科学的营销模式，大数据为这一过程提供了有效的支持。

第三节 零售品牌如何利用精准化营销进行会员管理

- 以消费者为中心的全渠道营销

随着移动互联网迅猛发展，零售企业要转变渠道、商品粗放管理模式，进行全渠道整合，构建全渠道解决方案。线上电商与线下实体店要融合在一起，真正站在消费者立场开展营销活动，逐渐朝各渠道融合发展，从简单的商品销售转变为与消费者建立情感联系。

过去，消费者的购物流程可能是在实体店直接触摸、感知产品，试穿、试用，然后从互联网商城下单购买产品。现如今，消费者的购物渠道越来越多元化，企业要做的就是用消费者常用的购物方式与消费者建立长久的联系，这种方式不仅是来店消费，还包括上传产品图片，开展秒杀活动，发布促销信息等。

这种做法与消费者“省时省力”的需求不谋而合。因为现如今，消费者的选择成本越来越高，节约选择时间就是节约选择成本。另外，关键的是，品牌要在消费者做购物决策的时候唤醒消费者的记忆，让消费者选择品牌产品。现如今，消费者不仅需要价格低的产品，还需要能打动自己、让自己感到温暖的产品。

在现在的营销环境下，品牌过去那种单一的营销方式将被改变，社交网络逐渐成为年轻消费者了解世界、与世界沟通的媒介。现如今，微博、微信等社交平台层出不穷，消费者可以在这些平台上发布自己对产品、品牌的评价，与品牌官方进行沟通交流，对其他用户的品牌认知产生巨大影响，让品牌获取很多有价值的数据信息。

比如，企业对消费者在社交平台转发的内容进行分析，可找到潜在消费者，可对新媒体使用效果进行监测，可对产品使用的满意度进行科学评估。但在这种互动过程中，消费者占据着主导地位，互动交流发生在移动端，呈现出碎片化现象，使数据分析难度大幅提升。

虽然借助 O2O 模式，品牌与零售商发生了联动，但并没有为消费者提供极致的购物体验。对于服装零售企业来说，其开展全渠道营销的难点就在于让线上、线下融为一体，将产品展示、消费者沟通、产品交易、产品寄送等流程融为一体，让消费者享受到完整的品牌体验。所以，零售企业要围绕消费者，将全渠道营销融入企业发展战略当中。

在新媒体逐渐普及、成熟的情况下，服装零售企业要通过对各种新媒体的充分利用开展业务，进行触点布局，比如对推荐、搜索优化、新闻事件营销、话题营销等方式进行有效利用。在设计新体验时，品牌和零售商不要先改变习惯，要先对消费者需求进行全面考虑，对消费者从不同渠道获取信息、转化信息、购买产品的过程进行构建，通过每一个平台、每一条渠道不断贴近消费者需求，有针对性地为消费者提供内容，让消费者享受到便捷的购物体验。

比如，美国梅西百货对消费者整个购物过程进行布局，从消费者开始了解产品到为消费者提供售后，致力于从各个环节满足消费者潜在需求，带给消费者更加优质的购物体验。除线上布局之外，实体门店引入数字化技术提升体验和效率，让线上渠道、线下渠道实现有效连接，让二者实现紧密结合，让消费者享受到统一的购物体验。

丝芙兰倾向于为消费者提供自助试用服务，为此它利用各种新技术简化购物流程，提升服务质量，让消费者享受到便捷的购物体验。比如，在店内安装互动屏幕，用问答方式向消费者推荐产品，备受消费者喜爱。为了持续利用技术提升服务，丝芙兰收购了Sensa技术公司。另外，通过“颜色智商”机器，消费者可以确定自己的肤色，了解适合自己的彩妆，减少试错过程，提升选择效率，降低选择成本，丝芙兰借此留住消费者，吸引消费者再次来店消费。

零售企业的数字化触点布局不仅能为消费者带来各种便利，还能帮助零售企业进一步挖掘消费者需求，对挖掘出来的信息进行有效分析，找到消费者的潜在需求，通过满足潜在需求让消费者额外购买。梅西百货通过对消费者在移动端的历史浏览数据进行分析，辅以地理定位，迅速找到消费者的深层次需求。比如，梅西百货发现消费者在门店逗留了很长时间却没有购买任何商品，就会通过App或邮箱向消费者发送一些优惠券、折扣券，刺激消费者做出购买决策。通过全渠道零售战略的推行，梅西百货收获颇丰。

- **基于社交互动的消费者情感营销**

过去，服装零售企业线上营销活动的内容比较单一，多开展单向宣传。进入移动互联网时代之后，企业要转变线上营销活动的开展方式，开展社交互动、社交营销。

快时尚品牌KM的线上营销内容就融合了时尚、休闲、娱乐等内容和消费者体验。KM在媒体主页发布新品图片、穿衣搭配指南等内容，让消费者在浏览这些内容时产生搭配灵感，从而做出购买决策，提升消费者的购买体验。同时，KM将社交媒体与线下互动结合在一起，积聚了大量人气。比如，KM在线下举办开业演出，邀请网红进行直播，邀请国际团队为来宾提供双语导购服务，还邀请消费者在国内外各大媒体平台转发与活动有关的内容，由此获得了极高的关注度，获取了很多新的"粉丝"，很大程度提升了品牌价值，将自己打造成了一个极具互动价值的时尚品牌。

Tiffany（蒂芙尼）珠宝、Christian Louboutin（克里斯提·鲁布托）打破了传统的营销观念，不仅用App推广商品，还通过创意互动与消费者建立了紧密联系。TiffanyApp中有精准的戒指信息，消费者不仅可以看到戒指材质、宝石尺寸、产品设计故事等内容，还可以"试戴"，并可以看到相配的饰品推荐。

Christian Louboutin也推出了自己的App，利用这个App，消费者可以通过照片滤镜编辑独具风格的产品照片，将其转发到主流社交媒体，它还在App上为消费者提供"试穿"服务，让消费者找到颜色合适的高跟鞋。

这些案例告诉我们，服装零售企业的线上营销可以加入一些与品牌文化相符的内容，为消费者提供一些与其情感需求、价值取向相符的内容，与消费者生活建立紧密联系，将品牌体验延伸到销售之外。

服装潮流在不断改变，所以企业非常有必要对行业需求进行动态分析。近年来，整个行业都将目光聚焦在了大数据领域，品牌商、零售商无一不希望利用大数据解决各种运营、决策问题，比如，利用大数据找到需要补货的衣服款式，找到交易没有达成的原因，发现目标客户群体期待的品牌价值等。

服装零售企业要想更好地利用大数据，让大数据发挥出应有的效用，不能单纯地利用数据和模型，关键要让管理者与大数据建立连接。具体来看，服装零售企业大数据分析模型的构建要做到以下三点。

第一，明确消费者需求，不要在数据收集方面浪费太多精力，要以品牌的使用需求为依据确定数据收集范围，以免出现过度收集现象，造成资源浪费。

第二，为了让数据能为管理、决策提供长期有效的支撑，数据收集人员必须反复对数据进行规整、改进，让数据更准确、规范、及时，以此逐步完成数据库构建。

第三，在保证结果性数据处理的基础上，服装零售企业无须过度追求数据分析模板，应该让技术与业务在不同场景灵活地结合在一起。服装零售企业每天都会产生大量数据，以数据获取难易度、数据分析工具运用的成熟度为依据，数据可划分为不同的类型。但服装零售企业要想通过大数据分析获取对自己有益的信息，无须对所有数据进行纯熟运用，只要对内部销售数据、客户关系数据进行深入挖掘即可，其他外部数据可以将来再开发、挖掘。随着数据分析技术不断进步、数据分析能力的持续提升，品牌可逐渐与外部企业构建数据联盟，从而获取更多消费者信息，以构建起全面的数据分析模型。

现阶段，各行业的大数据分析与利用才刚刚开始，还没有出现特别优秀的品牌企业，但很多企业都已开始加大大数据方面的投入，开始建设数据分析体系，灵活运用大数据。比如 Burberry（博柏利）利用大数据获知消费者需求，根据消费者需求进行邀约。在新品上市时，Burberry 会向 VIP 与潮流敏感度高的客户发出邀请，有超过 70% 的受邀客户到场观展，其中又有超过一半的客户产生购买行为，当日个人最高消费接近 10 万元。同时，Burberry 会关注一些白领客户，根据其追求生活品质，但消费金额不高的特点向其推荐经典款、基本款，向其发送打折促销通知。

UNIQLO（优衣库）利用大数据监测优化产品定价，收集每个店铺、一天当中每个时刻、每个款式、每个颜色、每个尺码的销售数据，从而构建起一个规模庞大的数据库，并通过实时监测调整产品定价、产品产量。比如，去年某款单价 499 元的羽绒服脱销，今年就可以适当提升产品售价。

虽然现阶段，大数据分析、应用领域还没有形成成熟的模式，但大数据及其分析技术确实为零售企业的精准营销提供了有效支撑，为此，关于大数据的应用与规划，零售商必须从长计议。

- **利用精准化营销的会员管理策略**

零售企业不仅要为消费者提供产品和服务领域的全渠道购物体验，还要在全渠道构建“购物积分”体系，开展会员管理与营销。零售企业可以凭借品牌文化理念，采取相关的行动，通过与消费者互动奖励消费者，逐渐从销售产品向销售情感、服务转变，使消费者忠诚度得以有效提升。

在移动互联网时代，品牌要针对会员管理开发专门的App，做好内容设计，增强与消费者的互动，一边提升消费者体验，一边获取有价值的数据。随着技术不断发展，品牌的这一设想完全可以实现，利用可穿戴设备和近场通信技术，品牌完全可以实现通过移动端与消费者进行沟通、互动。

另外，品牌可以自主开发App，创造一种全新的积分体系，与消费者的健康生活方式建立密切联系。利用这款App，消费者可设置自己的每日健康目标，比如每天跑步多少米，健康饮食等，完成目标就可积分，品牌通过这种方式与消费者日常生活建立密切联系。App要支持各种移动端安装，比如能安装在可穿戴设备上，实时记录消费者积分。消费者让设备与App建立关联也可以获得积分，企业通过这种方式将消费者聚集在一起，获取更多消费者数据。消费者通过社交媒体发布与品牌相关的资讯也可以获得积分。这种积分方式可刺激消费者主动浏览品牌主页，搜寻有趣、有价值的资讯，主动转发、分享，最终吸引消费者重复来店消费。

新一代的消费者更有主见、更加精明，可以通过各个渠道获取商品信息及用户对商品的评价，对实体店铺的依赖程序越来越小。同时，在整个购物过程中，消费者可根据自己的需求在各个渠道间转换。随着市场、物流、信息技术不断发展，消费者可充分享受自由选择的权利，可以随时随地对比任意两条渠道，最终选择一条性价比更高、体验更好的渠道完成购买。比如，消费者可能在线下实体门店试穿、试用，通过各大互联网电商平台对比价格，最终在线上下单，享受送货上门服务。在这种情况下，线上、线下各个渠道必须实现全面融合。

现如今，在技术的驱动下，服装行业开始全面推行全渠道发展战略，在此过程中虽然需要应对一些挑战，但也迎来了新的机遇。虽然宏观市场环境与行业发展趋势在实时变化，旧的商业模式有待抛弃，新的商业模式有待创造，但不可否认的是，在数字化零售时代，消费者依然是核心。未来，服装行业将利用数字技术全面提升消费者的购物体验，给品牌和零售商带来诸多益处，获取更多高忠诚度的消费者。

第四节　孩子王：数字化重构母婴零售模式

● 定位：借助大数据重构顾客关系

随着经济的发展，我国的母婴市场迎来了一个全新的发展时期，传统的消费行为与观念被改变，人们开始注重体验式消费，产生了越来越多的个性化需求，单一的渠道模式已经很难满足这些需求。于是，在这个规模庞大的母婴市场上，零售商们开始积极创新经营理念与方式，积极推动线上线下融合，但很少有零售商真正做到了全渠道零售。

在众多的母婴品牌中，2009 年诞生的孩子王以“经营顾客关系的大数据公司”为定位，不做商品经销商，也不做零售商，而是紧抓线下零售转型升级的机遇，借互联网实现了迅猛发展。

在孩子王发展的过程中，2016 年非常关键。这一年，孩子王取得了三项重大成就：第一，组建了技术研发团队，团队成员有 300 多人，数字化转型基本完成；第二，新开门店 66 家，基本上完成了在全国重要城市的布局；第三，加强资本与资源整合，C 轮融资 1 亿美元，正式登陆新三板，市值突破 140 亿元。

现如今，孩子王已经开始聚焦新商业发展模式，对关系、场景、内容进行重构，为了做到这一点，孩子王进行了数字化改革。

截至 2018 年 4 月底，孩子王在全国 105 个城市开设了 217 家大型全数字化实体门店，单店面积平均 5000 平方米，门店商品种类突破 20000 种。除产品销售区外，店内设有婴儿游泳区、0 ~ 3 岁婴儿早教区、3 ~ 12 岁儿童英语培训区、儿童游乐区、儿童摄影区和产后恢复区。

关于孩子王的定位，其首席技术官何辉曾表示：孩子王不是一个普通的母婴零售门店，它的目标是成为中国新家庭一站式消费休闲场所，是一家经营顾客关系的大数据公司，而不是普通的零售企业。在这里要明确一个概念——新家庭，新家庭指的是怀有第一个宝宝之后的家庭。

关于顾客关系，孩子王进行了总结，将其划分成了三类，一是重新架构会员与商品的关系，二是会员与育儿顾客的关系，三是会员之间的关系。

重新架构会员与商品的关系指的是根据用户需求匹配商品。孩子王强调利用大数据开展精准营销，对数据关系进行深入挖掘。孩子王很早就成立了一个专门用来经营会员关系的部门——会员中心，其功能是通过对现有数据的分析获知会员特征。通过用户数据收集和分析，孩子王可以准确地知道哪些用户会在哪些时间购买哪些产品。

会员与育儿顾客的关系是孩子王的一大特色。孩子王的官网显示：孩子王拥有 5000 多名国家专业认证的育儿顾问，签约育儿专家近百人。每一名育儿顾问负责一定数量的顾客，解决顾客提出的育儿问题。另外，孩子王会定期组织活动。通过这种方式，孩子王有效地增强了顾客黏性，将普通顾客转变为高忠诚度的“粉丝”。

孩子王通过社群管理会员之间的关系。孩子王每家线下门店每年都会组织大约1000场活动，将自己打造成社交场所，比如，经常举办少儿活动，将小朋友分组，增进彼此之间的友情。除此之外，孩子王有针对妈妈的插花班、烹饪班，让妈妈们增进彼此之间的友情。线上，孩子王也打造了一些可供会员沟通交流的场所，比如互动活动平台、妈咪社区、孕妈圈等。

通过对这三类关系的有效经营，孩子王完成了自己“中国新家庭全渠道服务商”的定位目标，满足了母婴消费者多元化、个性化的需求，比如商品需求、社交需求、娱乐需求、对育儿知识的需求等。

- **连接：建立与顾客的场景接触点**

目前，几乎所有的交易活动都发生在某种特定的场景下。比如，在周末逛街购物的过程中，消费者可能参加一些活动从而产生文娱消费；又如，妈妈等孩子入睡后会拿出手机搜寻需要购买的商品，或与其他妈妈互动、交流，进而产生消费。

在这种情况下，孩子王需要建立与顾客的接触点，比如开设线下门店、举办线上活动、创建线上社区等，通过创建场景，在场景中利用某种方式与顾客建立连接，在连接的过程中增进与顾客的互动，通过互动与顾客建立长期稳定的关系。

同时，孩子王非常注重场景内容，因为场景的构建离不开内容，比如针对小朋友爱听故事的需求，孩子王开发了一个名为“××姐姐讲故事”的IP。孩子王的育儿专家24小时在线解答用户问题，通过线上论坛持续输出育儿内容。除此之外，孩子王的线上社区、预期工具、线上知识库等都在持续产生内容，并且这些内容是原创的。这些内容不仅催生了商品需求，还刺激了消费者对各种服务产生了需求，比如理胎发、孕妈护理、小儿推拿等。如此一来，孩子王就成了顾客与内容、服务的连接者。

目前，孩子王平台每月产生的育儿问题咨询有1500多条，累计回答问题10万多次。为了丰富育儿顾问的知识，提升育儿顾问的能力，孩子王平台还通过改进答案审核机制创建了场景化的知识库。而育儿顾问正是顾客与商品、服务建立联系的有效触点。

2017年，在孩子王83亿元的营收总额中，商品交易贡献了80%~90%，其他增值服务贡献了10%~20%。

孩子王营业收入的增长不是依靠盲目扩充品类、拓宽用户群体实现的，是其聚焦母婴群体、增加服务类商品、延长服务周期、密切关注孩子成长的结果。孩子所处的成长阶段不同，需要的商品也不同。比如，起初孩子需要的是奶粉、纸尿裤；随着年龄的增长，孩子的需求会转向教育，比如绘画、舞蹈等。孩子王就是通过对教育资源、服务品牌进行整合，构建了一个品类丰富的服务平台。

- **孩子王的数字化运营与转型实践**

孩子王对场景、关系、内容的构建是在数字化的基础上实现的。实现资源数字化之后，资源和流程可以重构形成新的体验，而以大数据为基础形成的精准能力则可让关系更加稳定。

未来，孩子王将继续加大在数字化基础建设方面的投入。孩子王的系统建设分三步进行，分别是前台建设、中台建设和后台建设，基础沟通系统和大数据平台统一规划、分步实施。商品系统、订单系统、库存系统、顾问系统组合在一起构建了一个云化的集群系统，系统以对话、接口的方式进行交互。

该系统建成以后，孩子王可在线随时为顾客提供服务。顾客一旦踏入门店，其专属顾问就会收到通知；顾客想了解哪款商品只需扫描商品附带的二维码就能获取商品信息；顾客在门店消费之后会收到提醒，然后可以在 App 上发表评价。

孩子王不单一地关注线上或者线下，它做的是全渠道。为了做好全渠道营销，孩子王成立了全渠道部门，包括全渠道会员中心、商品中心、运营中心、营销中心、技术中心。除此之外，育儿顾问是一种新渠道，这些渠道都在一个系统中运营。

孩子王的数字化转型过程有两个关键问题。

一是在技术方面，与传统的 ERP 系统不同，孩子王使用的系统是一种互联网分布式架构，需要投入大量人力、物力，对于一般的传统企业来说这是一项巨大的挑战；面对后端管理问题，传统企业习惯使用商品化系统，商品化系统尽管非常标准，成本也较低，但并不能达到孩子王运转的要求。

二是企业要有很强的架构能力。数字化转型过程需要持续更新，系统需要实时调整。如果零售企业的人员流动性过大，或系统一开始就设计失误，就会产生极大的损耗。

目前，孩子王的发展方向非常明确，就是彻底实现数字化。彻底实现数字化之后，孩子王将在自己的云系统中引入大数据和AI，与物联网对接，让系统具备通过自我学习不断升级的能力，增强系统的自我互动能力。

比如，将人工智能客服引入育儿顾问服务，通过自动化算法展示商品，以会员等级及其在店铺的消费情况开展精准营销，实现系统自动定价，让每位会员看到不同的商品图像和价格，带给其不一样的消费体验。

未来，孩子王所有与规则相关的内容将全部由“大数据+AI”驱动的资源来执行，与情感、互动相关的内容则会交由育儿顾问代表来负责。孩子王将在门店中加入更多智能硬件，在硬件中植入芯片，引入云系统，打造这样一种购物场景：顾客进店后，孩子王借助摄像头、其他硬件设备对顾客进行识别，明确顾客的基本信息，进而开展精准化营销。

另外，在顾客拿起某款商品时货架会产生自主感应，其他顾客对该商品的评价会通过屏幕自动展现出来；小朋友想进游乐场玩耍或者开启某游乐器械，只需“刷脸”即可。这些新体验都是云上系统和智能硬件相结合带来的，这些都是孩子王未来的努力方向。

随着智能化和物联网迅猛发展，数字世界呈现出了一些新现象，对整个物理世界产生了极大的影响，将衍生出一些新技术，这些新技术在不久的将来就会出现在我们的视野中。

第五章

新零售环境下的商业新趋势

第一节　共享新零售：共享经济与新零售融合

● 共享新零售理念与诞生逻辑

共享经济是以第三方平台为依托，利用信息技术与平台的撮合功能推动闲置资源的使用权转移。共享经济就是以保留资源所有权归属为前提，通过转移资源的使用权推动资源实现优化利用。共享资源可以划分为两种类型，一是有形资源，二是无形资源，其中有形资源包括汽车、设备、住房、图书、数码产品等，无形资源包括时间、知识、技能、数据、劳动等。

共享经济模式的应用理念：共享经济抓住了使用者的碎片化需求，借助互联网平台开展有序的市场交易。随着经济快速发展、生活节奏越来越快，消费者的碎片化需求受到的重视程度越来越高。

在满足消费者碎片化需求方面，无论是传统的实体零售商，还是新型的线上电商都存在一定的缺陷。线下消费，消费者需要前往实体商店；线上消费，消费者需要搜索信息并对信息进行比对，从而做出相应决策。但面对当下的消费需求，这两种方式都无法使所有消费者得到有效满足。

共享经济提倡对生产商、消费者、流通商三方资源进行共享，使商品制造效率、运输效率、销售服务体验、场景体验得以切实提升。在传统零售业的经营模式中，经销商通常以批发价采购商品，通过合理的店铺选址单向传播信息，开展营销活动。也就是说，对于零售店铺来说，实体零售店铺的选址在很大程度上决定了其是否能长期盈利。但在新零售环境下，这种传统的单向模式已经不再适用。

因为随着互联网的广泛应用，生产商、流通商、消费者打破了沟通壁垒，借助各大平台，制造商的产能、消费者的数据、流通商的渠道都能实现共享，进而催生 C2B（消费者到企业）、C2C、B2B2C（供应商对企业，企业对消费者）等新业态。所以，在共享新零售模式下，市场上的信息不对称现象将进一步消除，消费者的多元化、个性化需求将进一步得到满足。

在共享新零售理念下，无人货架应运而生。各个办公场所都有很多闲置空间，以往上班族要想购买商品需要下楼前往附近的便利店。无人货架的出现使这些闲置的空间得以充分利用，上班族可就近购买商品。

• 共享新零售模式的运营路径

共享新零售模式的运营路径如图 5－1 所示。

1. 空间资源的共享

在新零售时代，小而美的无人零售成为发展潮流。借助这种小而美的零售业态，无人零售将全面渗透到消费者日常生活的方方面面，比如公交站、地铁站、社区、公园、办公区等，只要人流量大

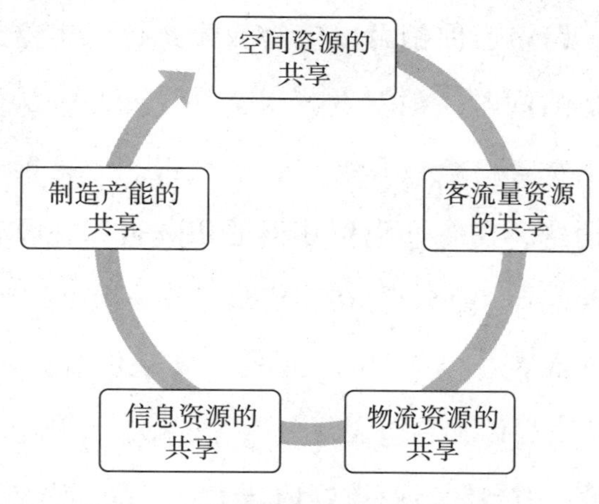

图 5－1　共享新零售模式的运营路径

就有可能出现无人零售。消费者如果产生即时需求就有可能通过无人货架购买商品。一般来讲，无人零售的目的在于提升零售空间及货架的利用率，减免店铺租金。

无人零售可实现货架空间的共享。无人零售可对商品品类进行灵活管理，在云计算、大数据等网络技术的支持下对销售数据进行监控，从而对销售产品的品类进行优化、改善，使消费者的个性化需求得到充分满足。为了满足消费者的个性化需求，传统零售商与制造商不能再采用长期订单采购模式。未来无人零售的货架空间将成为一种共享资源，制造商向零售商支付一定的费用购买这个空间，使零售供应链更加灵活，使零售商与制造商的交易成本显著下降。

2. 客流量资源的共享

近年来，我国商业集团联盟实现了迅猛发展，可以对零售商、餐饮商的数据进行有效整合，使两者的会员数据可在集团内部实现互联、共享，从而使用户积分、用户等级可以以各种各样的方法实现积累。比如，跨渠道促销可以使消费模式得以丰富，在使集团下属企业获取收益的同时使消费者获得互补性商品，从而提升积分利用效率，增强消费者对会员系统福利的获得感。某集团同时拥有餐厅与零售店，消费者在餐厅消费获得的积分可以在零售店使用，可使用积分兑换商品等。消费者在零售店消费获得的积分可以在餐厅使用，享受折扣或者获得免费的菜品等，实现价值转换。

此外，零售商可以和制造商共享消费数据，让制造商做出更合理的产品优化决策，引导制造商更好地开发新产品。总体来看，在共享新零售模式下，制造商、零售商可对客流量资源进行共享，提升客流量资源的利用率，以消费者需求为核心打造精细、敏捷、有效的供应链。

3. 物流资源的共享

物流资源有两种共享模式，一是利用互联网平台的整合功能将闲置的碎片化资源聚集在一起，利用这些资源进行物流配送。传统的物流企业运输具有规模经济的特点，要想实现盈利，物流配送必须达到一定的规模。而对于共享型物流模式来说，前期固定成本比较低，因此可以采用灵活的众包服务有效满足物流分散化、碎片化需求，构建新零售时代可随时随地满足消费者购物需求的消费模式。

二是企业对物流资源进行共享。在共享新零售环境下，即便零售企业或制造企业实现了物流内化，也可以与社会实体零售商或电商共享物流功能，共享模式可以收费，也可以不收费。一般来讲，企业如果选择不收费，往往是希望能达成长期合作，实现资源交换，降低边际成本等。企业开放内化的物流资源的目的是提升综合收益，对前提投资成本进行平均分配，减少折旧费用。

4. 信息资源的共享

企业在运作过程中积累的信息数据就是一种闲置资源。虽然企业的经营数据可使企业的预测能力与效率得以切实提升，但也只是对本企业有所帮助，如果能将企业积累的信息资源分享出去，其价值将会在更大程度上发挥出来。在数据的作用下，供应链企业对合作方的预测能力将得以大幅提升，商品生产与交付可同步进行，供应链企业产能的上下限可得以充分提高，使供应链的“牛鞭效应”得以下降，从而提升其在供应链网络中的可视性，对供应信号做出快速响应。

从供应链管理角度来看，信息不清晰、不完整、不全面是“牛鞭效应”产生的根源。也就是说，供应链从上到下，需求信号误差不断增大，导致市场调节费用越来越高。在这种情况下，越来越多的海外企业开始借助信息资源产生共享经济行为，针对规划、补货、预测、调度、库存管理等事宜与供应链企业协商，积极创建跨组织的信息系统，利用互联网平台使企业信息资源的可用性得以进一步提升。

更何况现如今，商品市场变化速度越来越快，竞争越发激烈，企业运作的不确定性也越来越高。在此情况下，通过信息共享，紧急需求模式带来的负面影响可显著下降。综上，信息共享有三层意义：第一，信息共享可提升供应链成员在网络环境中的可视性；第二，信息共享可增强供应链企业的协同作用；第三，信息共享可促使供应链企业对供需变化做出实时响应。

5. 制造产能的共享

利用互联网平台，和同行业企业共享机械设备、生产能力、技术服务等优质资源，并为自身引进先进技术、设备、管理模式，从而提高生产效率，降低经营成本，受到了越来越多传统制造企业的青睐。

与此同时，互联网企业纷纷构建共享平台，推动制造业优质资源流通共享，从而赋能传统制造企业，为终端用户提供更为优质、多元的产品与服务。推动制造产能共享，不但有助于控制制造成本，还能推动先进制造技术和产业模式的推广普及，减少盲目生产，加快制造业成熟速度。

共享经济模式是近几年快速崛起的新型经济模式，它能够充分整合闲置资源，高效对接供给者和需求者。更为关键的是，它重视满足消费者的个性需求，能够刺激人们购物消费，而个性消费的增长又进一步刺激制造业的产品与服务创新。

从长期来看，制造业产能共享具有非常广阔的发展空间。经济全球化背景下，面对日益激烈而残酷的市场竞争，我国制造企业必须持续强化自身的创新能力，积极和优秀的合作伙伴共享产能、技术、人才等资源。随着我国制造业水平不断提升，将来会有越来越多的国内制造企业进军国际市场，和国际企业携手推进共享经济模式在制造业的应用。

需要指出的是，目前，共享经济模式在制造业的应用仍处于初级阶段，制造产能共享也只是共享经济模式在制造业的运营路径之一，相关标准、法律法规建设仍要进一步完善。为了推进共享经济模式在制造业安全、有序、高效落地应用，相关部门应该加快完善行业法律法规，使各路玩家的经营实践得到制度保障。

● 共享新零售模式的发展趋势

1. 空间资源的共享：无人零售业态

最初，无人零售凭借品类管理与供应链管理等方面的优势奠定了市场基础，注重建立试点，循序渐进地升级技术。未来无人零售终将发展为消费者拿货即走模式。从本质上看，这种模式形成的驱动力是机器视觉技术，但机器视觉与高精尖技术结合对前置资本的需求量极大。所以，中小型无人零售企业最好以消费者的场景化需求或碎片化需求为切入点，以免和以技术为导向的无人零售产生竞争，最好从细分市场切入，获取市场份额，建立敏捷的供应链，从而让企业更好地在市场上立足发展。

消费者行为数据是无人零售的长期优势所在。比如，无人零售通过 App 与消费者建立触点，为其提供特定优惠券，并在店铺内开放免费 Wi - Fi。以 App 为工具，无人零售不仅可以向消费者推送广告，还能根据消费者的消费记录与身份信息绘制用户画像，捕捉消费者在无人零售环境下的消费行为，利用大数据对这些行为进行分析，以开展精准营销。

无人零售将消费者聚集在一起创建社群，通过与高忠诚度的消费者进行情感互动，赋予无人零售社交功能，让其可以借 App 社交平台分享个人动态，从而增进彼此之间的交流与互动。比如目前，无人零售以上班族为目标消费者，以更好地创建职场社交环境。

2. 客流量的共享：客流量转化为新价值

目前，线下零售店铺的客流量不断下降，在此情况下，零售店铺要转变观念，将自身客流资源的使用权与供应商共享，从而获取额外的范围收益。比如，步步高集团将线下10亿人次的客流量与云猴网的中小商家共享，帮助中小商家完成初步发展。同时，步步高通过与这些商家共享客流创建了自己的线上会员体系，通过与云猴网共享数据对消费者价值更好地进行分析，从而采取更有针对性的促销方式，比如积分兑换、广告推送等。

除此之外，有一个方案可以借鉴，就是零售商发起的扫码活动。零售商在商品的外包装上印制二维码，发起扫描二维码抽奖或者扫描二维码兑换虚拟礼品的活动，积累了大量的线上流量。通过将这些流量与其他商家共享，用这些流量交换广告，零售商可切实提升整合线下客流量的能力，让这些客流量生成新价值。

3. 物流资源的共享：众包物流

众包物流指的是企业将本该由自己完成的物流工作外包给社会群体。借助日新月异的信息通信技术，消费者可随时随地使用移动设备连接、互动。当前，越来越多的企业开始利用信息通信技术将物流外包出去，通过消费者与企业的价值共创使企业的服务效率得以切实提升。传统物流行业属于劳动密集型产业，但现如今，物联网与大数据可为终端配送提供技术支持，通过对闲散的人力资源及运输设备进行整合，以切实提升物流运输效率。

对于企业来说，众包物流降低了企业的运输成本；对于社会来说，众包物流提升了闲置资源的利用率。目前，国内的众包物流企业有人人快递、达达配送、蜂鸟专送等。虽然众包物流发展形势一片大好，但其发展过程中仍存在很多问题：第一，我国众包物流刚刚起步，路况信息急需完善，配送路线亟待优化。物流配送路线不完善，需要配送人员自行查找，浪费了大量时间，降低了物流效率。第二，众包物流的从业门槛比较低，员工离职率比较高，导致服务水平存在较大差异，消费者服务体验很难实现标准化。

因此众包物流要尽快建立健全外部激励机制，通过连续接单奖励、接单排名奖励、推荐入职奖励、签到奖励等多种方式增强对社会大众的吸引力。同时，众包物流要创建专业化的等级体系，从专业能力、配送速度、服务能力等多个方面对工作人员进行评估，帮助他们将积累的工作经验有形化，实现自我肯定、自我提升，使工作人员对自身职业发展做出科学评估。

4. 信息资源的共享：信息分享供应链

在新零售环境下，零售商要通过数据共享为供应商赋能，以改善二者之间的合作关系。传统的供应商与零售商之间的供应链属于“推式供应链”，简单来说就是供应商强硬地将商品派发给下游渠道。但在新零售模式下，供应商与零售商以用户大数据为连接点，创建新型互利合作机制，将单向合作转变为双向合作。具体来说就是零售商通过与上游供应商共享消费者数据，并根据这些数据绘制消费者画像，帮助供应商对需求信息进行预测。供应商借此对目标市场的需求及偏好做出深入了解，从而更好地制订生产计划及新产品开发计划。

比如，天猫与化妆品品牌使用大数据为商家赋能。根据商务部发布的《走进新零售时代——深度解读新零售》报告，天猫通过为商家提供用户大数据分析服务帮助商家绘制精准的用户画像，从而使其有针对性地研发产品，缩短了产品研发周期。通过这种方式，品牌新品研发周期从 18 个月缩短到了 9 个月，商家节省了近 10 个月的市场调研时间。

5. 制造产能的共享：零售商自有品牌战略

通过自有品牌战略，零售商能获取极大的好处，尽管该战略会在很大程度上增加采购成本与库存成本。AC 尼尔森研究报告显示：相较于制造商品牌来说，自有品牌销售的毛利率要高 20% ~30%。而且，对于自有品牌营销，零售商可制定迅速反应机制，对市场变化做出迅速响应。但一般零售商不具备专业的生产设备与研发团队，前置投资的投资风险、闲置风险、过剩风险都比较高，导致零售商的自有品牌生产对制造商的产能共享产生了严重依赖。

对于制造商与零售商的合作来说，通过与零售商共享产能，制造商可以获取较多收益：第一，零售商开发的自有品牌商品价格相对较低，制造商可以通过提升产品价格获取更多利润；第二，制造商可获得财务保障；第三，制造商可以更好地掌握销售信息，快速响应市场变化，实现定需生产，获取更多直接效益，提升市场占有率；第四，通过共享服务，制造商可以规避市场风险，获取大额订单，从而获取更多收益。

第二节　社交新零售：构建社交消费生态圈

● 社交新零售的概念及产业链发展

社交零售指的是人以社交工具与场景为依托，利用个人人脉开展商品交易、提供服务的新型零售模式，也可理解为社交工具及场景赋能零售。其中社交工具指的是常见的互联网及移动互联网社交工具，比如微博、微信、QQ 等，社交场景指的是线下具备社交属性的场景，比如家庭、公司、社区、体验馆等。在整个系统中，社交渠道与场景相当于“通路”，以各种关系形成的社交人脉相当于“顾客”。社交零售的特征表现为以下几点：渠道体量大、自带流量、准入门槛低、稳定性比较差、顾客黏性高、消费场景封闭、商品流通成本低。

整个社交零售产业链涵盖了供应端、服务端、渠道端三部分，以上、中、下游为基础衍生出多元化的商业模式。

（1）上游涵盖了生产业务与制造业务。

（2）中游涵盖了贸易、仓储、物流、配送、品类管理等。

（3）下游是在各种消费场景的基础上衍生出来的社交零售渠道，涵盖了社交零售平台、个人微店、淘宝客、社交拼团等。

除此之外，以社交零售终端为核心出现了一些服务型的生意模式，比如个人 IP 孵化器、商品内容提供商、社交电商培训管理、商品推广服务商等。现阶段，因为中上游对资本及运营的要求比较高，所以对应的社交零售平台比较少，大部分社交零售都专注于社交零售渠道形态的创新。

对于社交零售来说，渠道是关键。社交零售实现了去中心化，其基本利润来源是商品渠道分销。从本质上看，社交零售与传统线下实体零售基本相同，区别在于线下实体零售以实体店铺为销售渠道，社交零售以个体为销售渠道，并且利用互联网技术推动渠道运营系统升级，使渠道运营效率得以有效提升。从这方面来讲，社交零售是一种先进的商业模式。

社交零售与社群电商的本质区别在于：社交零售是去中心化的，社群电商是中心化的。社交零售覆盖的零售渠道非常多，每个人都是一个零售渠道；而社群电商则是一个有社群 IP 背书的中小型渠道，一个社群是一个渠道。社群电商对社群 IP 有着较强的依赖，只有成功打造一个社群 IP 才能实现商业变现。

- **分享经济背景下的社交电商裂变**

近两年，社交电商迅猛发展，不只新兴的社交电商相继完成巨额融资，比如拼多多、云集、礼物说等。主流电商也开始布局社交板块，比如聚划算、乐拼购、小红书等。在此形势下，用户即便对拼单、拼团毫无兴趣，只要商品符合自己的需求且价格合适，也会偶尔参与一下。

社交电商能快速崛起，还有一个原因，即社交电商体现了分享经济理念。

分享经济指的是通过社会化平台将闲置资源分享给他人进而获取收入的经济现象，它包含四大要素。

（1）公众。

目前，公众主要指个人，未来有可能延伸到企业、政府，但其形式主要以 P2P（个人对个人）为主。

（2）闲置资源。

闲置资源包括资金、汽车、房屋等物品及个人知识、经验与技能。

（3）社会化平台。

社会化平台指的是利用云计算、互联网、大数据等技术构建的大规模分享平台，平台的特点是可以低成本、高效率地使剩余资源实现智能匹配。

（4）收入方式。

获得收入的方式有三种，一是网络租借，二是网络二手交易，三是网络打零工。这三种模式是基本的分享模式。

社交电商体现了分享经济的精髓，尤其是在移动互联网环境下，企业不仅注重人与人之间的简单聚集，更强调服务、内容、信息的整合输出。对于社交电商来说，维持其生存、发展的基本条件有两个：极致的产品与服务，普通的价位。但其最终要落到分享层面。而要想刺激用户分享，就必须做好产品、服务、内容的提供。因为只有优质的产品、服务、内容才能让用户产生分享的动力，只有用户不断地分享才能产生利润分配点，这是移动互联网电商发展的根本所在。

在分享经济迅速发展的当下，移动互联网带来的一个机会是个体解放。比如，滴滴打车释放了闲置车辆与空闲时间，微信公众号释放了内容生产者等。

对于社交电商来说，微店、微盟也好，拼多多、礼物说也罢，都体现了一种进化，这种进化发生的基础就是行业基础与发展速度，其商业模式类似于一种反向的分享经济，虽然无法提供流量，却可以提供优质的商品集合，向每一个有流量的个体分享，让其得以解放，让其在成为零售商的同时可以自己创造收入。

社交电商增强了人们的消费体验，刺激了人们产生分享动机，又能精准定位目标用户群体，为其提供精准的营销服务，还降低了整个过程消耗的成本，提升了整个过程的开展效率。从这个方面来讲，社交电商的发展空间极为广阔。

社交电商可以说是电子商务的一种衍生模式，它以人际关系网络为基础，通过社交媒体发布内容，与用户交流互动，引导其购买商品，同时将关注、分享、互动等社交元素引入交易过程。社交电商是一种将电子商务与社交媒体融合在一起，以信任为核心构建的社交型交易模式。

2015 年 11 月，有关部门发布了《工商总局关于加强网络市场监管的意见》，加强网络经营主体规范管理。2016 年 12 月，《电子商务“十三五”发展规划》发布，提出鼓励社交电商发展，为社交电商的发展创造了一个良好的外部环境。

近两年，社交电商强势崛起、迅猛发展，这种发展态势与以下三种变化密切相关。

第一，主流电商进入瓶颈期。随着移动互联网的红利逐渐消逝，主流电商的获客成本、运营成本不断提高，流量转化率不断下降，新公司更难从中找到发展良机。

第二，日渐成熟的技术为社交电商的发展提供了有利条件。不断发展的互联网与移动社交媒体技术使供应链及支付环节不断完善，为社交电商崛起提供了强有力的支持。

第三，消费者的购物习惯不断改变。现如今，许多人沉浸在各种视频、社交、游戏等应用中，时间呈现出明显的碎片化趋势。与此同时，消费过程中的交互方式、信息传播方式、应用场景与营销形式呈现出多元化的特点，这些都使人们的购物习惯发生了较大改变，增强了人们在移动端购物的意愿。

● 社交电商模式的主要优势与分类

1. 社交电商的主要优势

相较于传统电商来说，社交电商存在以下三大主要优势，如图 5－2 所示。

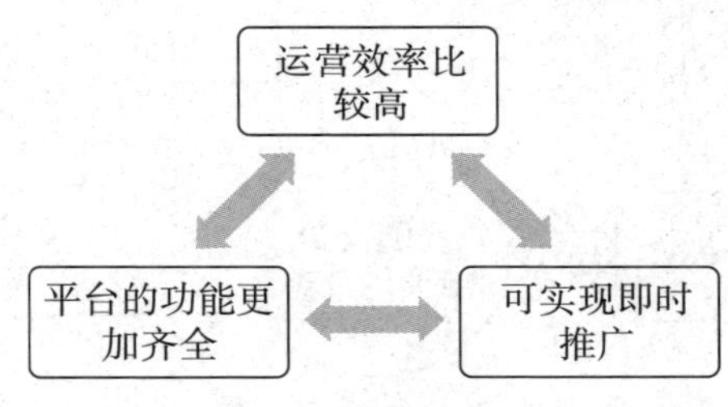

图 5－2　社交电商的主要优势

（1）社交电商的运营效率比较高。

相较于中心化的电商平台来说，社交电商更关注人与人的沟通。个人影响力的传播速度更快、传播范围更广，只要存在社交就有可能发生交易，无须自上到下蔓延。同时，利用大数据进行用户管理能使时间成本、人力成本与推广成本得以大幅下降。

（2）社交电商可实现即时推广。

社交电商的购物圈是在熟人关系链的基础上构建起来的，可实时推广购物信息，使影响顾客的周期无限延长，与顾客形成良好的互动，提升转化率，实现裂变式扩张，从而带来更多流量。

（3）社交电商平台的功能更加齐全。

社交电商平台的功能非常多，包括社交、支付等，在顾客通过社交场景与老朋友保持联系、结识新朋友时，社交电商平台不仅可以引导顾客前往电商平台消费，从而降低获客成本，还能使顾客的购物体验得以改善，增强了消费活动的趣味性。

2. 中国社交电商的分类

目前，我国的社交电商刚刚脱离导入期，进入成长期，其主流形态有以下几种，如图5－3所示。

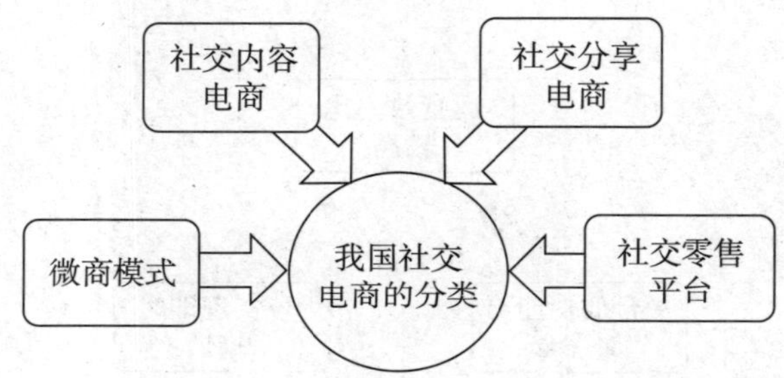

图5－3 我国社交电商的分类

（1）微商模式。

自微商诞生以来，人们就开始观察这一新事物，发展到如今，有人认为它是顺应移动社交时代潮流而产生的一种商业形态，渐渐根植于人们的商业行为中，并已成为一种商业趋势。随着移动互联网的发展，信息垄断与信息不对称的局面将逐渐被打破，微商将带领人们进入一个去中心化的商业未来。在社交电商导入期，传统微商经营单一品牌，企业主要采用传统的线下商品分销方式在线上分销商品。

在微商模式的探索与实践方面，蜜拓蜜（M2M）堪称典型代表。蜜拓蜜致力发展“互联网＋”新时代、新模式下的全新品牌商业平台。它顺应时代发展趋势，目前拥有30余万代理，产品销售不仅遍布国内，更是远销海外。

目前，蜜拓蜜在多地设有办事处、旗舰店，蜜拓蜜致力打造一个跨国界、跨地域的全新营销模式，将微商共享经济做大做强做实。

蜜拓蜜（M2M）一语三关。

第一，体现蜜拓蜜服务形式：Mobile to Mobile，用户通过移动端获取商家在移动端提供的服务，用户在移动端进行消费、支付和社交，商家在移动端完成经营、收费和管理。

第二，体现蜜拓蜜发展精神：大的贸易商（Merchant）、经理人（Manager），这两者的英文单词第一个字母都是 M。而蜜拓蜜所体现出的发展精神就是“贸易商发展经理人，经理人推荐贸易商”。

第三，表达专注新零售的决心：新零售大部分是女性，越成交，越快乐。越发展，越快乐。同燃梦想的默契，使双方成为闺蜜，把好的产品，好的理念推荐给闺蜜。

（2）社交内容电商。

社交内容电商是个人通过直播、微信等工具生产、传播与产品有关的、有价值的内容，完成销售转化，实现变现。社交内容电商的典型代表是“网红”直播口红试色来销售口红。这种模式具有数量大、体量小、零散的特征，相当于个体户，但从本质上看依然是中心化的。

（3）社交分享电商。

社交分享电商指的是平台通过设置利益机制，鼓励个人通过社交媒体推广商品，平台可以借此降低流量成本，快速提升商品销量与销售额，其典型代表是拼多多。拼多多鼓励用户通过拼团低价购买商品，从而以较低的成本源源不断地获取新用户，使流量实现几何级增长。当然，有些品牌将这种模式作为补充，但归根结底，这种模式依然是中心化、平台化的。

（4）社交零售平台。

一般情况下，这种模式多用来对供应链上多元化的品牌与品类进行整合，对线上分销商城进行开发，招募个人店主，为其提供一件代发服务，实现了去中心化。从平台运营、商品结构等方面来看，社交零售平台可分为以下几种模式。

★从平台运营维度看，社交零售平台可划分为100%自营型社交零售平台、混合型社交零售平台、开放型社交零售平台。其中混合型社交零售平台既有自营，又有第三方入驻；而开放型社交零售平台只有第三方入驻。

★从商品结构维度看，社交零售平台包括跨境商品社交零售平台、国产商品社交零售平台、综合商品社交零售平台。

目前，社交零售领域的主流模式就是上述四种模式，传统微商模式可视为社交零售1.0，该模式将传统线下生意转移到了线上；社交内容电商与社交分享电商可视为社交零售2.0，都是中心化的，前者以个人为中心，后者以平台为中心，无论是个人还是平台都形成了或大或小的零售卖场。社交零售平台可视为社交零售3.0，借互联网技术推动传统渠道管理体系升级，实现去中心化，使渠道经营变得更加灵活、轻便。

- **案例实践：拼多多平台运营玩法**

近两年，不少商家入驻了拼多多平台，尽管平均交易金额较低，但总体销量较高。其中有相当一部分是天猫、淘宝等电商平台的经营者。这些商家将自家店铺剩余的库存转到拼多多低价出售，有些商家成功打造了爆款产品，但其运营逻辑并不清晰；还有些商家在经营过程面临着流量降低的危机，但不知道问题出在哪里。在这里对拼多多的运营逻辑进行探讨与分析。

1. 选品策略

在选品环节，不少经营者会考虑自己的产品可不可以在平台上销售。事实上，无论什么类型的产品都可以在平台上开展运营，但只有那些符合平台发展方向、与平台特性相一致的产品才有可能成为爆款。

在客单价方面，现如今拼多多的客单价约为 50～60 元，因此商品价格在这个范围或者更便宜，则容易被消费者接受。价格高于这个范围的当然也可以在拼多多出售，但难以获得非常高的销量。

在产品类目方面，初期阶段选择母婴商品、服装饰品、日常生活用品的经营难度比较低，其他类目当然也可以，不过难度可能要大一些。比如有的卖家初期选择了美妆类产品，但若长时间内未取得理想的经营效果，就应该考虑重新换其他类目的产品开展运营，通过这种方式改变以往店铺流量较低、产品销量有限的局面。

在平台竞争方面，拼多多主打爆款产品，特别是那些在淘宝上热销但尚未在拼多多成为爆款的产品。从这个角度来说，商家应该从淘宝爆款中选择产品，特别是那些尚未在拼多多走红的淘宝爆款，这类产品更容易受到拼多多用户的追捧，在参与平台活动时也能够获得有利条件。商家应该抓住机遇，及早推出这类产品。

2. 流量获取的成本及渠道

之所以有越来越多的商家入驻拼多多，就是因为该平台拥有大规模的流量基础，使得商家无须在流量获取方面投入太多成本。平台的点击单价大都不超过一元，即便初始阶段需要付出一元以上的单价成本，后期也能够将这个成本降低。

如何降低点击单价成本呢？在这里给商家提供如下参考思路：在三日到五日之内持续提高点击量和点击率，直到达到预期数据。可以利用淘星仔平台来实现这个计划，持续几日之后，商家的点击单价就会迅速降低。

如何在拼多多获取流量？具体方式包括使用平台搜索功能、利用直通车开展营销、推出相关活动等。

以搜索流量为例，因为该平台具有明显的社交属性，商家在初期的运营难度并不大，经营者只需在微信平台与消费者进行交易即可。在这个阶段，产品的主要价值集中体现在销量上，拼多多也努力促进平台的产品销售。等到产品销量达到一定程度，商家就能利用关键词搜索、直通车推广等方式提高产品的权重。

3. 优惠券设置规则

向用户赠送优惠券是拼多多提高用户购买意愿的有效手段，所以，熟练掌握店铺优惠券设置流程及要点是很有必要的。在介绍店铺优惠券设置流程及要点前，我们首先需要对拼多多店铺优惠券设置规则进行深入认识。

（1）优惠券生效时间。

时长由卖家结合实际需要自行设定，最短 1 天，最长 30 天。

（2）优惠券设置权限。

目前，具备店铺优惠券设置权限的角色包括店铺主账号、管理员及运营人员，客服没有权限。

（3）发放方式。

店铺详情页、支付下单页等。

（4）优惠券面额及数量。

店铺优惠券面额包括 2 元、3 元、4 元、5 元、6 元、8 元、10 元、15 元、20 元、30 元、40 元、50 元、100 元、200 元、300 元、600 元、999 元。一家店铺每次仅能设置一种面额的店铺优惠券。首次发放时，数量限制在 5 万张以内，如果后续仍需要优惠券，可以增加发放量，但总量要控制在 10 万张以内。

（5）使用场景。

店铺优惠券仅支持支付商品订单时的费用抵扣。

（6）防范资产损失风险。

当店铺优惠券面额大于或等于商品价格时，卖家将面临亏损，为了避免这种问题，卖家需要及时下架那些有亏损风险的商品，或降低店铺优惠券面额。

在了解上述规则的基础上，我们就可以设置店铺优惠券了。

第一，进入优惠券活动管理页面，然后点击“创建优惠券”。

第二，完善优惠券特征、使用限制信息，确认无误后，点击“创建”。

第三，创建完成后，在列表中可以查看店铺设置的优惠券信息。

第四，想要对店铺优惠券发放数量进行调整时，可以点击“修改”选项，并填写新数量。

第五，卖家可以通过点击“结束”选项来中止向用户发放优惠券，已经发放的优惠券仍可使用。

第六，卖家每天最多可以创建5种面额的店铺优惠券（不包括创建后删除的店铺优惠券），而店铺优惠券列表中的总优惠券数量必须在50种以下，卖家可以点击“删除”来删除那些已经失效的活动券，以免影响设置新的店铺优惠券。

有些淘宝经营良好的商家认为，在拼多多开店，却以低于淘宝平台的价格来销售商品，会引起淘宝客户的不满。事实上，商家可以采取有效措施来降价，体现不同平台运营之间的差别，通过这种方式加速拼多多的运营，并积极参与平台的活动。

有些采用店群模式开展运营的商家，同时开设了多家店铺，但难以取得良好的运营成绩，原因在于，这类商家大都选择在店群打造爆款。而事实上，无论是淘宝店群还是拼多多店群，都不适合开展爆款运营，这种方式会迅速降低爆款的价值。一旦有商家通过店群开展爆款运营取得了较为理想的效果，就要具备足够的危机意识，严格控制该产品的转化。因为店群更适合用于全店动销，而非爆款运营，经营者不能忽视这一点。

拼多多的常规运营思路是，推出新品之后，初期阶段注重保证产品的基础销量，在此基础上参与平台的新品活动，通过新品活动测试进行产品测款，虽然这个环节无法获得较高的流量，但能够帮助商家了解该产品的市场接受度，从中筛选出适合在平台推出的产品，在直通车进行推广。

接下来商家可以打通群，也可以参与拼多多平台的多元化活动，比如秒杀活动，通过这种方式提高产品的销量数据。平台会对商家价格进行调整，适当提高价格来拓展自身的利润空间。在活动中运营成功的商家，能够得到平台更多的资源介绍。之后，商家则需持续开展新品运营，进行测款、保证基础销量、进行直通车推广、参与平台活动等，形成良性循环，吸引更多消费者，不断提高产品销量。

第三节　红人电商："粉丝"经济下的店铺运营

• 红人引流：卖家与红人对接合作

各大红人的存在渠道，主要是站内渠道和站外渠道两类。

1. 站内渠道

（1）淘宝直播视频。

随着直播产业的快速崛起和不断成熟，直播视频已成为备受用户青睐的内容呈现形式。即便卖家自己不善于这种交流推广方式，也应该找到一位能够进行淘宝视频直播的伙伴，让其负责以视频直播的方式帮助店铺吸引流量、积累"粉丝"。

（2）微淘大 V。

他们有些属于媒体平台，有些则是独立运作的微淘红人，不过两者都培育积累了自己独立的"粉丝"群体，其发布的微淘也会直接进入微淘的精选区或红人区。这类红人多是凭借在某个垂直细分领域的专业技能赢得"粉丝"认可和追随，因此淘宝卖家可以基于自己的行业或产品特质找到最适宜的微淘大V，与他们进行联系合作，通过支付佣金等方式让其帮助自己的店铺进行引流。

2. 站外渠道

除了淘宝平台本身，卖家可以通过一些站外渠道寻找合适的红人进行引流推广。如一些直播平台的主播，会在自己开店时找到的固定合作商，卖家也可以通过支付广告费用的方式让红人在直播过程中推广自己的商品。

此外，一些娱乐视频录制者是很好的合作伙伴。他们虽然不直播，但会定期制作视频发布到相关网站中，同样拥有庞大的“粉丝”群体。因此如果卖家以支付佣金的方式让他们在视频中植入产品推荐广告，也能够获得十分可观的流量，大幅提高店铺知名度。

在红人产业全面爆发的大背景下，各类红人层出不穷。淘宝卖家要利用红人实现引流和“粉丝”积累，就不能盲目选择，而要从以下几个原则出发去寻找最合适的合作红人。

第一，不能只是盯着关注度，更要考虑红人的口碑形象。卖家不能找那些虽有很高关注度但却有着负面形象的红人，因为这类红人无法为店铺带来商业价值，甚至会严重损害店铺本身的形象。最好是找那些知名度高、口碑形象好的红人为店铺或产品代言。

第二，选择与产品或行业特质符合的红人进行合作。比如，若店铺的产品是零食、服装之类的商品，则可以让红人主播进行代言推广，因为这类红人的“粉丝”是对快消品有着较多需求的年轻群体；如果销售的是家具、皮草这类客单价很高的产品，则最佳的红人代言人是自媒体或专业评测机构，因为用户在进行消费选择和决策时，希望获得的是专业性、相对权威性的指导和建议。

第三，卖家在与红人合作时，要在利益分配、售后产品质量问题等各个方面提前做好沟通规划，最大限度地消除合作过程中可能出现的不利因素，构建长期稳定的合作模式。

第四，对于实力雄厚、能力较强的卖家，不必局限于单一的红人引流渠道，可以选择多平台、多红人、多模式的推广方式，实现店铺的跨越式发展提升。不过，卖家要做好数据分析，评判不同平台、红人、模式的推广引流效果，以便设计出更合理有效的后续发展方向和路径。

红人大都是通过长期的“粉丝”培育积累，逐渐提高自身知名度的，而众多“粉丝”的背后是一个更为庞大的流量基数。因此，淘宝卖家要打造红人店铺，必须尽可能吸引更多流量，不断提高店铺的关注度和知名度，如此才有可能积累沉淀出规模可观的“粉丝”，获取“粉丝”经济价值。

• 渠道引流：红人店铺的运营法则

打造红人店铺的一种方式是利用无线端的各种引流渠道，结合店铺精心设计的运营手段，进行长时间的引流和“粉丝”积累，不断提高店铺知名度和影响力，最终成为红人店铺。其中，前期的资源积累和“粉丝”认可是关键，这个过程可具体分解为“店铺定位—前期引流—提升认知—获得认可”，如图 5 -4 所示。

1. 店铺定位

淘宝卖家要打造红人店铺，应明确自身想要建立一个什么类型

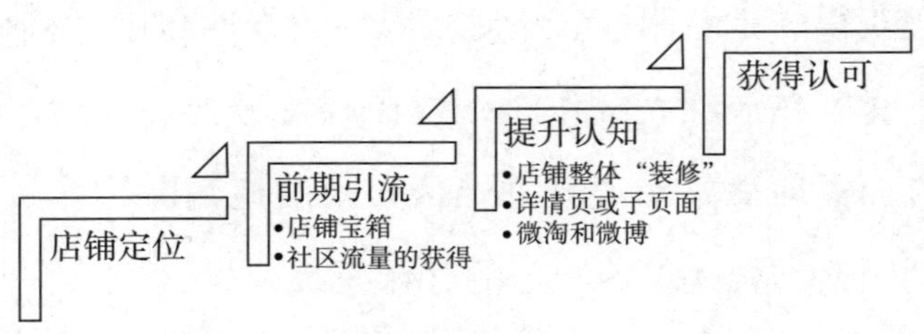

图5－4 打造红人店铺的关键步骤

的店铺，而这又主要取决于店铺拥有的优势货源。因为只有基于最有优势的货源打造和运营店铺，才能保证利润收益的稳定和后期产品线的优化更新。

若卖家没有优势货源，也可以从最感兴趣或最擅长的行业领域切入，打造红人店铺。因为在后期的店铺运营和形象塑造中，需要卖家为“粉丝”提供大量行业知识和专业指导。比如，要打造一个动漫类的红人店铺，卖家应对动漫内容有着较多了解，能够与漫迷深入沟通交流，如此才可能获得用户的认可与青睐。

因此，可以从两个方面对店铺定位：优势货源或自己擅长的领域。当然，如果两者同时兼具自然更好。

2. 前期引流

红人拥有的大量“粉丝”是从规模庞大的流量基数中逐步筛选、积累来的。与此相同，打造红人店铺也必须首先获取庞大的流量，如此才可能积累到足够多的“粉丝”。因此，引流成为店铺前期运营的核心内容。较为常见的前期引流方式如下。

（1）店铺宝箱。

店铺宝箱分为每日宝箱和进店宝箱两种，前者有利于新店铺增加“粉丝”基数，后者则能带来大量进店访客。卖家若能合理利用这两个引流工具，将有利于快速增加新店铺的访客与“粉丝”数量。虽然这些流量的精准性不高，但为店铺培育、沉淀“粉丝”提供了巨大的流量基数。

（2）社区流量的获得。

社区是无线端重要的流量入口，用户可以通过在社区中分享购物心得和产品消费体验，帮助卖家进行产品的传播推广，且这种由用户自发的推荐行为对其他用户也更具说服力。因此，卖家可以与老客户进行交流协商，采用多种激励手段鼓励老客户在社区中传播分享产品或店铺信息，从而获取社区流量。

此外，淘宝平台中的直通车、钻石展位、淘宝客、麻吉宝等都能够帮助店铺实现流量的快速积累，不过这些推广方式的成本相对较高，需要卖家基于自身的实际状况进行选择。

3. 提升认知

卖家要通过店铺的整体运营规划，有效提升访客的店铺认知度，塑造良好的店铺形象。具体来看，卖家可以从以下几个方面着手。

（1）店铺整体“装修”。

在无线端，卖家要基于售卖的产品特质对店铺进行“装修”，打造店铺的整体形象，让消费者第一眼就能大致了解这是个什么样的店铺，从而对店铺形成初步印象，并在有相关消费需求时第一个想到的就是该店铺。比如，若店铺主要卖中低价的韩范潮流服饰，则在店铺“装修”时可参考韩都衣舍、裂帛等女装卖家的风格，在店铺中多使用较为明亮的色彩，构图时可采用活泼甚至略显浮夸张扬的方式，从而以青春潮流的店铺风格吸引年轻消费群体的关注，让其对店铺有着良好的第一印象。

（2）详情页或子页面。

店铺可以在详情页或子页面中以图文甚至视频直播的形式，通过专业的产品推荐、搭配建议或感性的文字描述提升店铺形象，加深用户对店铺的第一印象。比如主要售卖服装的店铺，不要只是进行单件服装的推销，更重要的是与用户分享一些服装搭配和潮流方面的内容，让用户感觉不仅是购买了一件衣服，更获得了服装搭配、形象打造等方面的知识和指导，从而提高产品溢价，增强店铺的用户黏性。

对很多人来说，他们其实并不明确自己到底需要什么，或者应该怎样搭配符合自身形象气质的服装，因此他们希望在消费决策中获得专业性的指导和建议。店铺如果能够在详情页中提供此类信息，将十分有助于提升店铺形象，给用户留下良好印象。

感性的文字描述主要适用于一些风格独特的店铺，其通过合理搭配感性的文字与文艺的图片，提升那些喜欢这类风格的用户对店铺的形象认知。这种店铺的形象打造类似于认知型红人，通过激发受众的认同感和心理共鸣塑造店铺形象，提高用户认知度。

（3）微淘和微博。

微淘也是卖家与店铺“粉丝”交流的重要渠道，关注过店铺的用户可以看到店铺发布的微淘内容。通过与用户的持续深度沟通，卖家可以基于店铺定位精准发现目标用户群体，并通过深度分析目标用户的行为习惯、消费偏好等内容以及与店铺的相关度，推送他们感兴趣或需要的内容，以此塑造店铺形象、提升用户对店铺的认知度。此外，微淘本身具有一定的转化率。

除了站内的微淘，卖家可以通过站外的微博与“粉丝”互动，通过发布一些“粉丝”感兴趣的内容，增强与他们的信任关系。微博运营与微淘的目的相同，都是塑造店铺形象，提升用户认知，为店铺吸引更多流量，培育积累更多“粉丝”。

4. 获得认可

在初步建立店铺形象并积累了一定量的“粉丝”后，接下来卖家就要通过相应的有效的店铺运营以及“粉丝”的管理与维护等，真正获得用户的认可，不断提高“粉丝”忠诚度，从而为打造红人店铺奠定坚实的“粉丝”基础。

卖家可利用淘宝后台的客户管理系统建立会员制度和积分卡制度，向用户宣传成为会员后获得的诸多特权与优惠，以此引导用户的消费行为。

卖家可建立用户群，即利用QQ、微信等社交工具将用户集中整合起来，使卖家与用户、用户与用户能够在群内便捷沟通交流；卖家要对用户群进行精心管理与维护，并时常针对群内的用户推送一些店铺优惠活动，提高“粉丝”黏性。

卖家还可以通过短信或旺旺经常为“粉丝”发送一些祝福或促销优惠内容，如在“粉丝”生日时发送短信祝福并赠送一些小礼品，大多数用户在收到这类祝福短信或礼物时都会比较感动。店铺可以通过这些人性化、有温度的细节提高“粉丝”的认可度和忠诚度。

总体来看，不论是淘宝视频直播渠道还是无线端的引流渠道，打造红人店铺都要从利益和情感两方面切入：前期通过切实的利益吸引流量，让更多消费者关注店铺并初步形成良好印象；中后期则要对积累的众多流量进行有效运营维护，通过持续的情感互动建立与用户的强关联，从而逐渐筛选积累高黏性“粉丝”，最终成为一个具有高知名度和影响力的红人店铺。

- **圈粉攻略：持续激活“粉丝”活跃度**

“粉丝”经济的快速崛起充分展现了“粉丝”的巨大价值，如何长久有效地保持较高的“粉丝”活跃度也就成为想要获取“粉丝”经济红利的红人、社交账号、自媒体人等关注的主要问题。不论是大型的品牌营销推广还是较小的个人微商业务，都需要先聚合起大量“粉丝”并保持“粉丝”群体较高的活跃度，才可能将“粉丝”转化为购买力，获取商业变现价值。下面我们就以红人模式为例，具体分析应如何维持“粉丝”活跃度。

1. 周期性输出内容，培养“粉丝”生物钟式获取习惯

红人要长久保持“粉丝”较高的活跃度，应在内容方面形成周期性的优质内容输出，让用户形成生物钟式获取内容的习惯。

形成了周期性的内容输出后，接下来更重要的是通过各种方式让“粉丝”去看这些内容，培养他们生物钟式获取内容的习惯。换句话说，“粉丝”对内容的获取不是偶发性、临时性的，而是一种习惯性行为。这方面的典型案例是罗辑思维，它通过每天早上六点的语音内容推送，既保证了周期性的内容输出，又培养了“粉丝”生物钟式获取内容的习惯。

必须注意的是，要培育“粉丝”获取内容的习惯，输出的内容对“粉丝”来说必须是有价值的，能够对他们产生较强的吸引力。

对此，红人要有效区分内容与信息的差异，输出对用户生产生活具有实际启发或指导作用的优质内容，而不是简单的信息。

比如，明天北京会降温 5 摄氏度，如果只是将这个信息告诉“粉丝”，那么价值并不大，因为“粉丝”在其他很多地方也能获得这一信息。如果红人进一步告诉“粉丝”如何穿着会更舒适，敏感体质的女性“粉丝”应该使用哪种护肤品，饮食上应注意哪些方面等，那么这些内容对用户来说就是十分有价值的。

互联网时代，一方面是信息的极度膨胀和快速更新使每个用户都处于信息海洋的包围之中，太多的信息对人们造成了一定干扰；另一方面则是用户难以从庞大的信息流中快速找到所需的有价值内容。因此，在信息爆炸的互联网时代，有价值的内容依然是稀缺资源，也是增强用户黏性、保持活跃度的关键。

总之，在“粉丝”面临着海量信息干扰的情况下，红人要通过周期性输出有价值的内容吸引用户关注，让“粉丝”形成生物钟式获取内容的习惯，以便维持“粉丝”群体较高的活跃度。

2. 互动活动带来参与感、价值感

大量信息的涌现和快速更新必然会造成用户注意力的不断分散，结果是单一内容难以获得用户的集中关注，给用户留下深刻印象，更常见的情况是用户对某个信息“转眼就忘”。当“粉丝”对输出的内容无法形成深刻记忆时，保持“粉丝”活跃度也就无从谈起。

从这个角度来看，只是保证优质内容的周期性输出还远远不够。特别是在内容创业大潮的推动下，越来越多的社交账号、自媒体平台等都能为用户提供有价值的内容，这将导致内容输出方式、内容领域和内容形式等各个方面的同质化越发严重，使用户产生审美疲劳。

当大量有价值的内容都在积极争夺用户注意力时，仅仅做好优质内容输出显然不够，还要通过各种线上线下互动活动让用户获得一种参与感、价值感，以此增强用户黏性和忠诚度，如罗辑思维的霸王餐活动，以及很多红人持续与用户交流并不断鼓励用户打赏等。

总之，红人除了要周期性地输出优质内容，还要周期性地举办各种互动活动，让用户不仅能持续获得有价值内容，还能获得更深层次的参与感、归属感、成就感，如此才能长久维持较高的“粉丝”活跃度。

3. 深入互动的联系纽带必不可少

对红人或各类社交媒体来说，创建一个能与“粉丝”及时、持续、深入互动的联系纽带非常重要。联络纽带的呈现形式并不固定，微信群、QQ群、贴吧等都可以，其主要作用是在互动活动间歇期（不论是红人还是社交媒体都不可能每天进行活动）与“粉丝”保持交流沟通，让“粉丝”时刻感受到红人的存在。

以明星贴吧为例，其能聚合起大量“粉丝”并保持较高的活跃度，除了明星自身名气的原因，更重要的是它成为明星与“粉丝”保持稳定、深入互动的联系纽带：如果“粉丝”喜欢这个明星，可能会去关注该明星的微博，还很可能会进入贴吧中获取关于该明星的更多信息，并定期参加相关活动。

再比如，很多红人现在都会建立自己的“粉丝”群、微信群，当要直播的时候会在群里提前告诉“粉丝”，以便“粉丝”可以及时参与到直播互动中；同时，红人还会在群里与“粉丝”进行交流互动，回答“粉丝”问题。显然，这类群成为红人与“粉丝”深入互动的联系纽带，让“粉丝”可以随时感受到红人的存在。

微博等也能够成为深入互动的联络纽带。如电商类微博意见领袖龚文祥每周末都会举行互粉活动，借此将众多“粉丝”聚集起来互动聊天，这种微博上的周末互粉活动便成为深入互动的联系纽带。

品牌或社交账号的经营者需要建立一个能与“粉丝”深入互动的联络纽带，以随时随地保持与粉丝的交流沟通，既让“粉丝”始终感受到自己的存在，又能及时响应“粉丝”诉求，从而维护好自己的核心“粉丝”，保持“粉丝”活跃度。

4. 多平台分发覆盖更多“粉丝”群体

红人或自媒体维持“粉丝”活跃度的一个必备功课是进行多平台内容分发，满足不同用户的渠道使用习惯，尽可能覆盖更多“粉丝”群体。因为当前的用户群体越来越多元化、个性化，不同用户对内容分发平台的偏好不同，有些用户习惯从论坛获取内容，有些用户可能青睐使用手机 QQ，一些海外用户则可能更偏爱使用 Twitter（推特）或 Facebook（脸书）。

比如，很多用户喜欢从今日头条中获取内容，那么红人或自媒体就应根据这一使用习惯在今日头条平台创建一个账号进行内容输出，以覆盖更多“粉丝”。类似的还有网易、搜狐、UC 订阅等内容分发平台。总之，在能力和条件允许的情况下，红人、自媒体要尽可能在更多平台进行内容输出，充分满足不同“粉丝”群体的使用习惯。

有些用户喜欢美拍，有些青睐 YY（歪歪），有些则偏爱花椒直播、映客直播。用户这种多元化的使用习惯和偏好，促使红人尽可能在不同平台进行内容分发，以覆盖更多用户。对红人来说，通过多元化的内容输出渠道覆盖更多受众，将更多活跃用户转化为自己的“粉丝”，也是维持“粉丝”活跃度一种有效方式。这同样适用于经营一个品牌或社交账号。

很多比较成功的品牌采用了多平台内容分发的方式，除了传统的贴吧、论坛，很多也开通了微信公众号、微博。一些品牌通过公众号带动微博，建立“粉丝”社群，以此不断增加“粉丝”的数量。

维持较高的“粉丝”活跃度要先聚合起足够的“粉丝”，保证“粉丝”规模，因此进行多平台内容输出就十分必要。做微商同样如此，不能将内容分发渠道局限在朋友圈，要扩散到论坛、QQ、微博等更多平台，以获取更多活跃“粉丝”。

通过以上分析可以得出，红人、社交账户或自媒体要维持较高的“粉丝”活跃度，首先，在内容设计上要形成周期性的优质内容输出机制，并培育“粉丝”生物钟式获取内容的习惯；其次，要通过周期性的互动活动，将单向的内容输出变为双向互动，让“粉丝”获得存在感、参与感、归属感、成就感，提高“粉丝”忠诚度；再次，应建立一个深入互动的联系纽带，让“粉丝”始终感受到自己的存在，保持与“粉丝”的随时交流互动；最后，则要通过多平台分发机制扩大内容覆盖范围，从不同平台获取更多活跃用户。

- **案例实践：淘宝直播的店铺运营**

互联网整体生态的发展成熟促进了红人经济的快速崛起。在电商市场竞争日益激烈、流量获取难度和成本不断攀升的背景下，通过打造红人店铺获取“粉丝”经济价值，成为很多淘宝卖家突破瓶颈、实现更好发展的有效路径。

面对视频直播产业的火爆态势和巨大的引流传播效果，传统电商巨头淘宝也在2016年5月正式上线了淘宝直播。淘宝视频直播主要是通过真人出镜的方式与用户进行即时互动聊天，引导用户进入、收藏、关注自己的店铺，实现店铺引流，甚至在视频直播中直接进行产品宣传并引导用户下单购买。

淘宝直播借鉴了以往视频直播的形式，同时结合淘宝的实际运作情况在直播中嵌入了广告牌、产品的直接推送等内容，成为备受用户和商家追捧的信息推广和内容展现形式。

总体来看，多数主播在进行淘宝直播时吸引的在线观看人数都能达到几千人，一些优秀主播甚至能够聚合起三万到五万流量。同时，随着淘宝官方的大力推广和用户观看直播习惯的养成，淘宝视频直播的人气和影响力将不断提高。

卖家入驻淘宝视频平台需要满足两个条件：一是成为淘宝达人大V；二是要发布不少于两条视频内容，通过平台审核后才能获得开通视频直播的权限。若卖家的微淘等级达到了相应标准，也可以开通视频直播功能。

但卖家在进行视频直播时，需要注意以下几个问题。

★不能在直播刚开始时就硬性推送广告，否则只会引起观众反感，导致观众迅速流失。

★正式开始直播前就应规划好直播主题甚至是具体的流程细节，以合理的方式将直播内容与产品行业联系起来。首先可以向观众分享专业知识，在获得认可的情况下再进行产品推送。

比如，以推广化妆品为目的的视频直播，可以先与观众分享皮肤护理知识；卖服装则可以向观众分享潮流资讯和服装搭配知识；美食类产品则可以通过直播美食制作过程吸引观众目光，激发人们购买美食产品的欲望。

★直播过程中卖家可以阶段性地引导观众关注自己的直播间，或者直接引导观众在左下角进入店铺。

★直播时要严格遵守平台规定，避免出现淘宝禁止的内容和行为：与视频内容无关的商品、微信账号信息，低俗违规内容，以及主播通过小号在直播评论中发布自己的店铺信息或微信账号等。

总体来看，通过淘宝视频直播打造的红人店铺，多是以偶像型为主、知识型为辅。卖家通过个性化展示和有效的交流互动，赢得观众关注与认可；与观众建立起信任关系后，再寻找恰当时机进行产品或店铺的宣传推广。个性化的形象谈吐（偶像型）能够迅速吸引更多流量、提高店铺知名度，而专业性的产品与行业知识（知识型）则有利于长期留住用户、实现“粉丝”积累沉淀。

但通过淘宝视频直播渠道打造红人店铺的门槛其实并不低：一方面很多卖家并不适合上镜，另一方面卖家可能缺乏团队帮助，难以进行流畅表达和用户沟通。不过相应地，这种方式在引流和“粉丝”积累方面都比较快，能够在短期内快速提高店铺知名度，获得红人经济价值。

第六章

新物流：
新零售环境下的供应链变革

第一节　智慧供应链：零售业物流转型变革

• 从供应链管理到需求链管理

在新生事物层出不穷的移动互联网时代，企业必须对自身的供应链管理模式进行转型升级，从以企业为中心转变为以用户为中心，从供应链管理转变为需求链管理。

供应链管理和需求链管理都需要各环节的协调配合，通过多方合作创造更高的整体价值，尤其重视效率和成本。但二者的差异在于，传统的供应链管理模式是以企业为中心，以产品为中心。而需求链管理则强调以用户为中心。从满足用户需求角度上，供应链将库存、生产、采购、物流等诸多环节和商品管理及前端需求充分结合，建立起一个从需求响应到组织生产，再到物流配送及售后服务的闭环生态，这将成为正处于转型期的广大国内企业掘金新零售的核心所在。

之所以要强调用需求链管理取代供应链管理，是因为零售业态很难实现对用户需求的精准感知，很多企业将自身的时间与精力更多用在组织生产及营销推广方面，对用户需求缺乏足够的重视，未能通过充分分析用户多元数据，来描绘立体化的用户画像。如此一来，企业就无法创造出充满体验感、参与感、娱乐性、社交性的购物场景，来充分满足用户需求。人、货、场三大零售核心要素处于割裂状态，企业不能分析出产品畅销背后的逻辑，各个门店应该销售什么类型的产品，什么样的产品组合更加有利于企业实现价值最大化。

在这种情况下，企业的供应链管理水平自然相对较低，前端的产品计划、需求计划、促销定价计划和后端的生产计划、采购计划、库存计划及物流计划等缺乏协同，供给和需求失衡，企业承担着较高库存压力的同时，消费者无法买到真正适合自己的产品。

在需求大于供给的传统工业时代，这种供应链管理模式的弊端被快速增长的产品销量与市场份额所掩盖，但如今各行业已经进入产能过剩的新消费时代，成本高、资源浪费、用户体验不佳、效率低下等问题大量涌现，给企业的长期稳定发展带来了一系列阻碍，严重限制了企业的价值变现。

虽然在传统供应链管理模式中，部分企业也在前端及后端积累了大量数据，但它们并没有充分发掘出这些数据的潜在价值，难以为企业的生存发展提供强有力的数据支撑。新零售时代，企业不仅要服务于消费需求，还要对消费需求施加影响甚至引领消费需求。这就需要企业通过自动化、智能化的需求链管理体系，对人、货、场三大零售核心要素进行重构，提高供应链管理水平与效率，为自身及供应链上下游合作伙伴创造更多的价值。

在成熟的需求链管理模式中，企业通过定价、促销、销售预测、补货、库存管理、物流配送等诸多环节协调配合，在充分满足用户个性化需求的同时，解决企业面临的同质竞争、成本高等诸多问题，做出更为科学合理的经营决策。

如今很多零售企业承受着较高的库存压力，虽然销售额在逐渐提升，但存货价值在不断增长，企业面临较大的资金链断裂风险。在需求链管理模式中，除了利用数据分析结果实现科学合理决策外，企业将建立起消费者与供应商、生产商、渠道商、零售商及物流服务商之间的协作关系，提高产业链的价值创造能力，实现多方合作共赢。

企业需要对消费需求进行充分分析，用需求链管理取代传统的供应链管理，争取为消费者创造更多的价值。消费需求是需求链的起点，也是核心所在，而产品和服务是消费需求两大核心载体。以消费需求为中心，通过对产品及服务进行精细化管理，将供应链各环节无缝对接，打造出一个提供一站式解决方案的闭环生态，将是需求链管理模式落地的有效路径。

• 智慧仓储：建立科学的仓储管理

一提到物流，进入人们脑海中的，可能是货物从供应方流向接收方途中需经历的各个环节，具体包括货物运输、仓储、搬运、加工与分拣、末端配送等。就好像制造企业在与第三方物流公司合作的过程中，关注的重点是物流公司的车辆准备、送货情况及仓储管理一样。

无疑，制造企业虽然能够从根本上抓住物流行业在运营过程中经历的各项活动，但会导致一些物流企业只聚焦于自身的行为，而忽视了其他方面的运营，比如企业没有制订系统化的物流计划，为企业在生产环节进行科学的进货安排，帮助企业在销售环节与客户达成有效的合作，并使企业在财务管理过程中实现良好的库存管理。另外，物流企业在数据分析与利用方面存在短板。

若企业供应链管理能力不足，则会在物流环节面临诸多问题，并影响企业的整体运营与业务发展。这类问题包括商品供应不足或者供应不及时，无法满足企业的需求，物流企业运营成本增加，现有设备及人力资源的分配不合理，面临客户的投诉等。为此，企业应该通过制订物流计划来提高自身的运营效率，提高整体的现代化与智能化水平。

在建设智慧物流的过程中，物流计划的制订是不可或缺的，企业在实施系统化的供应链管理时，需要保证各个节点货物的正常运输、存储。所以，物流企业需要了解客户的需求，并对客户情况、货物属性、订单类型等进行把握，对货物供应及销售过程中经历的物流环节进行分析，对货品引进、调度、存储、配送等环节的物流运营进行科学安排，制订系统化的物流方案，使物流计划与客户的供应计划及发展需求保持一致。

企业在实施物流计划的过程中会遇到许多问题，比如爆仓问题、货品短缺问题等，为此，要事先制定相关规则并在实施过程中遵守，确保物流的正常运营。在此期间，企业要抓住重点，进行物流计划体系的完善，提高配送效率，加快整体运转，合理利用资源，降低成本消耗，满足客户需求，不断完善自身的服务体系，提高品牌附加值，从而突显企业的竞争优势，获得持续发展。

速冻食品在现代社会拥有广大的市场，生产这类食品的企业数量也开始增多，具体产品形式如速冻水饺、汤圆等，这种产品对储存条件要求较高，且保质期通常较短。有的大型企业虽然进行了有效的市场开拓，但缺乏完善的物流计划体系，在市场需求量较大时仍然无法保证商品物流的正常运转。

企业在经营过程中面临爆仓问题，高峰季节出现货品短缺问题，在仓储环节缺乏科学有效的管理，经常需要进行临时性调拨，不仅如此，企业在物流环节的成本消耗太大，缺乏完善的物流服务，导致客户频繁投诉等，这些都给企业及合作的物流公司提出了更高的要求。为了解决这些问题，需求方与物流企业要共同致力于物流计划的制订。

如果物流公司无法科学预测今后的市场需求变化，现有供应链也不完整，则难以制订科学的仓储计划，不知道是该独立搭建仓库还是该租用外仓，如若选择租用，具体租用地点、租用时间也都不清楚。

为改善这种局面，物流企业可采用数学预测模型，对生产企业过往的运营数据、市场占有情况、战略规划及具体实施情况、同类企业的发展进度，以及企业当前的仓库容量与管理情况等进行综合性分析，得出结论。之后，物流企业可做出关于是否租用临时性仓库的决策，并对仓库位置与储藏空间的大小进行科学选择。

• 物流计划：智慧供应链运营体系

仓库存储量满足需求之后，企业就要制定物流计划的实施策略，并在实施过程中逐步完善。具体涉及货品的出入库、存储及调度策略，还有内仓与外仓的订单配置、库存安排等，同时要解决物流企业在运营过程中面临的高成本问题。智慧供应链运营体系如图6－1所示。

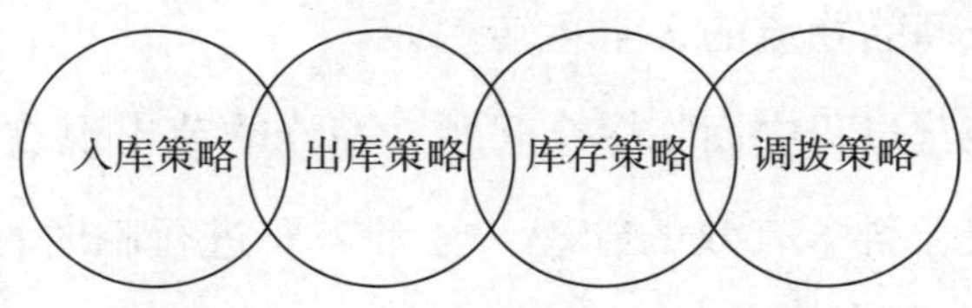

图6－1　智慧供应链运营体系

1. 入库策略

物流企业应该对客户的需求进行分析，根据市场需求的变化趋势与客户的生产计划，对自身仓库的容量、仓储能力、管理水平、物流消耗等进行综合考量，据此制订合理的入库计划，同时要考虑到季节性因素对供货需求的影响，建立针对需求高峰的入库策略。

物流企业在运营过程中会遇到高峰期与次高峰期。高峰期来临时，企业要聚焦库存配置，根据市场需求的变化趋势及企业的生产安排来选择商品入库数量，并在后期进行优化。次高峰来临时，企业应该参考市场需求的动态变化情况，聚焦于内库与外库的货品优化配置，科学制订入库计划，避免在运营过程中出现爆仓问题，与此同时，要提高冷库的空间利用率，实现总体的成本控制。

2. 出库策略

出库策略即物流企业接收到货品需求信息后，选择合适的仓库承担发货任务。在具体实施过程中，企业会对仓库的覆盖范围、客户的数量、需求大小、客户所在位置、客户的认可度、库存状态等进行综合考虑，选择合适的出库策略。在这个过程中，企业可以对自身的大数据进行分析，找出最优的发货方式，还可以将客户的位置进行区域划分，对于同一区域内的客户，可采用拼车策略进行供货，发挥内库与外库的协同作用，共同满足客户的需求。

在设定通用出货规则的同时，企业要对产品属性及客户要求进行分类，根据各个地区的发货距离、时间、具体需求量等，设计出符合特殊要求的内外仓分配与出货原则。

3. 库存策略

科学的库存及高效的管理，能够使物流企业的运营更好地符合客户的需求，使客户能够进行批量化的产品采购、生产与流通，还能提高整个供应链的市场应对能力，维持物流企业的正常运转，提高其灵活性。

如果企业未采用科学有效的库存策略或忽视了库存设置，则会面临爆仓及商品供应不足的问题，出现这种情况的物流企业要在短时间内提出有效的问题解决方案。为此，企业需选择合适的库存策略，在具体实施过程中，第一步要做的就是对产品种类进行细分。

在进行产品种类划分时，企业可参考其市场需求及变化状况，对不同类型的产品，实施不同的库存与服务。在确定好产品类别之后，物流企业可实施有针对性的库存管理方法，设置保险储备量（即安全库存），保证货品的正常周转，并降低物流成本消耗，避免企业出现成本失控的现象。

在这个过程中企业要明确的一点是，在设置保险储备量时，要根据市场需求的走向对库存量能否满足客户需求进行评估，并聚焦于重要货品的保险储备量，防止因预测不准确而货品供应不足。企业要根据库存策略决定入库数量，并实施严格的库存管理。

4. **调拨策略**

从整个业务运营的角度来分析，尽管企业在进行入库、出库及库存管理方面对诸多影响因素进行了考量，并对内库与外库的分配情况进行了考虑，但在具体实施过程中还是会存在一些偏差，这就要求企业采用合适的调拨策略，实现方案的优化。

在具体实施过程中，企业需要对生产间隔期长、批量大的产品批号进行核准，提前预测企业在生产过程中可能出现的问题并制订相应处理方案，提高业务人员的操作能力，做好内库外库之间的协调工作。

物流行业在运营过程中经常面临的主要问题有爆仓、商品供应短缺、订单交付不及时、临时性发货现象较多、系统调拨缺乏计划等。针对这些问题，物流企业需要对客户类型进行有效划分，牢牢把握客户需求，对产品属性进行分析，注重对数据资源的获取与分析，在此基础上运用数学模型找出最优策略，使企业的物流计划能够符合客户的发展需求。

企业通过采用科学合理的智慧物流计划方案，能够有效降低市场需求高峰期的库存量，节省物流成本，实现内库与外库之间的有效配合，并及时进行订单交付，从而增加企业的利润获得。

在传统模式下，业务操作人员需承担较大的工作压力，可能要按照客户要求催促生产、安排临时性调拨，通过加班方式处理紧急工作等，但这些行为的实际效果并不明显。在运用数字模型之后，对业务操作人员来说，他们无须掌握模型运作的内在规律，只要根据模型分析的结果及由此提出的建议来提升自身的实践能力，参考有效数据进行科学的决策即可。

● 曼哈顿的平台化供应链管理战略

近年来，“全渠道”一词风靡整个零售行业。有专家预测，未来O2O市场规模有望达到亿万级，线上与线下对接之后将爆发出无限商机。在此形势下，全渠道建设的重要性逐渐显现了出来，全渠道建设逐渐成为零售企业关注的重点。

1. 变化：消费者购物习惯与市场环境

随着消费环境不断变化，零售移动化趋势越发明显，中国零售行业将面临新的挑战。为应对这些挑战，曼哈顿认为零售商要为消费者提供个性化的商品和服务，满足其无缝购物需求，要对店员的角色和职能进行重新定义，深入了解、挖掘年轻一代消费群体的需求，利用移动商务让以消费者为中心的零售大获成功，提升发货速度及退货效率，为消费者提供灵活的售后服务，提升消费者满意度。

现阶段，消费者的期望值越来越高，购物方式越来越多样。消费者希望能体验多渠道无缝转换与衔接购物，并希望有专门的物流为自己派送包裹，以便以最低的价格在最短的时间内收到货物。为满足消费者的这些需求，企业需要构建更精准的订单管理解决方案，为全渠道策略提供辅助。

总而言之，在个性化消费需求持续增长、移动商务应用不断增加的形势下，零售商必将做出根本性变革。

2. 挑战：仓储物流服务整合

现如今，摆在零售商及消费品企业面前的一个最大的难题就是如何对销售渠道、仓储物流服务、库存储备进行整合。另外，劳动力成本及房屋租赁成本不断增加，零售商面临的经营压力越来越大，不得不对实体门店的作用进行重新评估。

对于零售商来说，推行全渠道战略是解决问题的一个有效措施。通过全渠道战略，消费者可享受到无缝购物体验。

现如今，大多数零售商都在整合渠道、艰难转型，即便实体零售商发展了线上业务也很难实现全渠道建设。面对该情况，零售商最好对自己在市场中的定位及推行服务的原因进行深入思考，只有以此为切入点才能真正改变现状。曼哈顿提出了如下建议：零售商要对自身在市场中的定位进行全面规划，努力寻求合作伙伴，以实现持续创新，让消费者享受到极致的购物体验，使企业盈利水平与盈利能力得以全面提升。

3. 重点：供应链体系的完善

现阶段，零售商供应链正在发生巨变。零售企业要想成功，必须一方面为消费者提供个性化的商品或服务，另一方面不断提升企业的盈利能力。

零售行业正在落实“以消费者为中心”的原则，消费者逐渐成为零售企业运营活动开展的核心。现如今，中国零售企业面临着一系列问题，要想在满足消费者需求的同时获取最大利润，就必须保证库存可用。为更好地满足消费者需求，零售商需要创造一种新的仓储物流方式，比如实现库存全网可见，可以随时随地了解商品的库存情况，以便为跨渠道营销提供有效支持。

在新零售环境下，零售商要想增加线上商品销量，为实体店引入更多客流，就必须提升门店的网络能力，提升商品配送速度和效率，从而增加店铺的利润收入。

随着零售商供应链体系的完善，配送中心和零售店之间的边界变得越发模糊。比如阿里巴巴和京东在几年之前就对部分门店的功能做了拓展，增加了消费者包裹寄存功能。这表示，在全渠道零售概念流行之前，这些具有前瞻性思维的企业就开始改造实体店，将其打造成小型配送中心。因为拥有前瞻性眼光，这些企业提前认识到提升物流配送速度和效率的重要性，比如有利于增强消费者忠诚度等。

零售商要想完善供应链体系，必须保证整个库存完整可见，围绕仓储物流和门店运营创建相应的规则，同时要加强店员培训，让店员掌握相关技术及最新的商品库存信息，快速、准确地回答消费者有关商品库存的提问，为消费者提供多元化的物流选项。

在越来越多的零售商开始重视保持消费者忠诚度的情况下，零售商要将线下门店的作用充分发挥出来，转变店员角色。同时，零售商要创建合理的订单物流配送策略，保证供应链可以做出智能化响应，以统一的方式对渠道进行整合，为渠道服务。而策略的落实需要技术提供支持，通过利用曼哈顿为全球零售商提供的解决方案，零售商们可以推行一些必要措施，满足消费者个性化需求，提升忠诚度，带动商品销售，提升零售企业的盈利能力。

4. 技术：全渠道建设的基础

技术是全渠道建设的基础。国内零售商完善供应链必须以技术为支撑，而现如今，支持全渠道构建的技术非常少，所以对于传统零售企业来说，全渠道建设不易实现。

在全球范围内，曼哈顿和世界很多知名的食品日用百货零售商建立了合作关系，比如美国 Giant Eagle、新加坡 RedMart 等。在国内，曼哈顿正在与部分大型连锁企业开展合作。曼哈顿能为零售商提供供应链智能解决方案，实现订单管理、仓库管理、供应链集合，主要基于以下七大优势。

（1）曼哈顿可以为零售商提供订单获取、库存管理、提升仓库物流能力等一系列服务，保证零售商在全渠道零售环境下实现盈利。

（2）曼哈顿可以对前端系统与后端物流解决方案进行全面整合，保证店铺可以吸引消费者。

（3）曼哈顿可以利用库存的可见性使实体店的销售额不断提升，通过掌握全新的利益获取渠道，获取更多的利润。

（4）曼哈顿可优化订单配送方式，提升订单配送效率及最低库存运营能力，使消费者满意度得以大幅提升。

（5）曼哈顿可以协调供应链各主体间（供应商、消费者、经销商、制造商、运输商等）的工作流程，增进其沟通与交流。

（6）曼哈顿可以在控制运输成本与库存成本的同时提升跨渠道服务水平，让二者保持平衡。

（7）曼哈顿可以提升零售店铺、配送中心的生产力，提升其资产利用率，增加消费者消费数额，使供应链的投资回报率得以有效提升。

第二节 国美：推进现代化供应链体系建设

• 零售连锁企业的供应链战略管理

一条完整的供应链往往由原料的提供、商品的生产、商品的销售、商品的配送等环节组成。一般来说，原料提供商将原料提供给生产商，然后生产商将成品销售给零售商，最后通过物流配送给消费者，这就意味着一个供应链的完成。

供应链管理需要站在宏观的角度，从整体出发，统一管理各个环节的商家并形成系统，使各个商家形成紧密的联系，相互配合，充分利用供应链条中的资源，使资源的分配更加科学得当，从整体上提高供应链的优势地位。

对连锁零售领域的供应链管理具体是指从整体上把握其发展走向，使供应链上的商家协调一致，掌握各个企业的运作情况并提高其效率，这样做的最终目的是按照消费者的需求，为其提供数量足够、品质达标的商品，并降低运行过程中的整体消耗。

连锁零售领域的供应链运行的理想效果是整合运行过程中的资金、信息、配送等各种资源，提高运作效率。

★为了让商家能够根据市场情况进行及时的调整和完善，要使供应链的信息快速到达，并保障信息精准无误、发挥应有的作用。

★为更好地利用运行过程中的资金，应加快资金的流动和周转，让供应链中各个环节上的商家都能正常运作。

★完善供应链中的物流环节，减少此环节的成本消耗，提高消费者的满意度，使各个环节的物流协调配合。

★为了维持稳定的商流，需要加强与整个供应链各个环节中商家与客户的沟通交流，发展长期合作伙伴。

毋庸置疑，国美自成立以来就显示出惊人的发展速度。如今，国美在我国的连锁领域中具有非常权威的地位。国美之所以能够维持这种地位，是因为它根据其发展的情况在各个时期进行了战略上的调整。笔者认为，国美的成功主要取决于以下两个方面。

（1）把零售业的价值链作为供应链管理的标准。

在各个发展时期，国美都努力增加自己的收益并致力于完善那些能够为企业带来更多利润的部分，减少那些收益能力低的部分。国美在其运行中采取的一系列举动都能够印证这一点，无论是在酝酿期与产品供应商达成的合作关系，还是后来引进国产家电进行促销，以及迈入大规模商场和设计经营管理手册都包含其中。

（2）把自身竞争战略的进展作为供应链管理的标准。

这样做的目的是使供应链与竞争战略协同发展。供应链战略可分为针对产品供应方面的战略、针对企业运行的战略以及货物运输环节的战略，还有供应链中分析数据的传达战略、商品的存储和配送战略等，国美在发展的各时期有的放矢地执行和完善了这些战略。

• 实现供应链管理的“四流合一”

零售领域的商家在经营过程中需要做好供应链管理方面的物流、信息流、资金流、商流的整合和充分利用，国美在运行中一直聚焦于以下几个方面。

1. 国美在物流体系上的平衡

国美在运营中不断完善自身的物流体系，建设大区事业制度。每个大区都拥有物流事业机构，由国美总部直接操控，进行商品的集中配送。也就是把电视机、空调、冰箱等大型家电以及一些小型货物放在配送中心统一管理，在消费者下单后国美将其由配送中心转出，交付到消费者手里。国美在一个大区建设成一个配送中心，不仅负责该地区的商品配送，也负责周边地区的配送。

国美的物流部分拥有先进的技术支持。配送中心由网络系统进行操控，AIDC（自动标识数据采集）、EDI（电子数据交换）系统都被应用到这个环节，产品的储存地点及配送过程中的信息都可以进行查询。负责配送的员工把相关数据存储到网络系统中，这样需要时就能随时调取产品的物流状况，明确某种商品的市场需求情况。另外，分散在不同地区的存储地点经国美的创新利用，变成同时具备商品存储、输送、数据统计和分析等功能的智能化的配送中心。

国美的物流系统随着其发展不断完善成熟，各部门都具有系统化的技术支持，整个物流体系的信息传达更加及时精准，物流环节高效运转。物流体系的平衡使得国美能够根据市场状况的变化进行及时的自我调整。

2. 国美在信息流体系上的平衡

国美采购成本低，物流环节完善，与越来越多的企业形成合作关系，这都是国美的优势所在。为了更好地发展，国美还需要在信息流体系上更加协调和完善。国美在信息流体系上的平衡如图6－2所示。

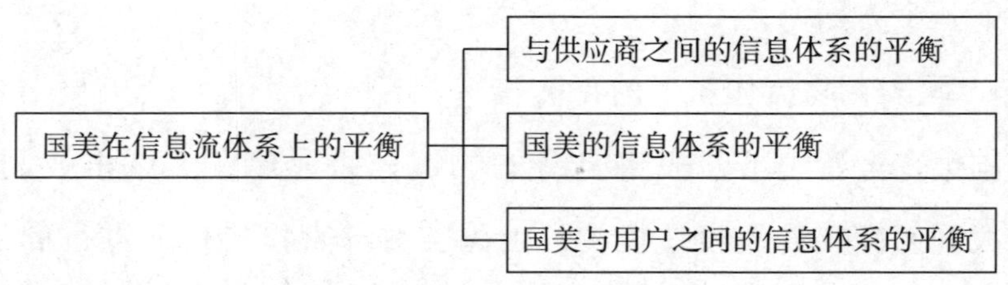

图6－2　国美在信息流体系上的平衡

（1）与供应商之间的信息体系的平衡。

国美总部设有专业的采购部门，通过向供应商采购大批量的产品，与供应商共享信息，加入供应商负责的产品研发及生产环节来降低采购成本。国美与供应商之间可以共享产品的存储量及销售状况，比如，国美与长虹电视之间具有平衡的信息流系统，除此之外，一些供应商正在与国美形成信息流共享系统，且国美在产品的生产的环节具有一定的发言权。

（2）国美的信息体系的平衡。

国美内部具有信息流体系，在这方面，国美采用了ERP系统，该信息系统将企业的产业链上游及下游的运营状况都纳入其中，并给出了供应商与消费者的意见。国美还运用了销售信息系统、自动补货系统、电子订货系统以及反映市场供求信息的系统等与之相配合。总体上，国美具有比较完备的信息流体系。

（3）国美与用户之间的信息体系的平衡。

国美通过网络平台在企业与消费者之间搭建了交流的渠道，把消费者在国美消费的信息通过平台的形式呈现出来，通过完善产品的售后服务环节，加强与消费者的联系。

3. 国美在资金流体系上的平衡

国美在资金流体系上的战略可以分为以下两个方面。

（1）国美在资金流体系平衡上的开源方式。

2004 年，国美在我国香港正式上市，进行首轮公开募股。一年之后，国美将易好家商业连锁有限公司收入麾下，同年，国美同中信银行和中国招商银行达成合作关系，消费者可以在购买国美商品时进行分期付费。此后，国美又相继收购永乐、大中、三联商社等连锁企业。

（2）国美在资金流体系平衡上的节流方式。

早在 20 世纪，国美就推出了包销制。在这种新方式的实践中，国美与北京的一些电视供应商达成了报销制的供销方式，其资金总量达 32 亿元。此后，国美正式形成了大区管理方式，不同地区的国美企业实现了信息数据的统一管理和共享，有效地提升了供应链的运行效率，减少了采购环节的消耗，与供应商实现了利益双收。

4. 国美在商流体系上的平衡

（1）了解消费者对商品的意见，满足消费者的需求。

为了满足消费者的多样化需求，国美运用了 CRM 系统，这样做有两个好处：一是围绕消费者的需求进行产品的经营，加强了与消费者的联系，根据试产需求对自身的产品进行完善；二是该系统的运用方便了消费者进行反馈。国美可以根据系统反映的信息了解市场状况，并与供应商及时进行沟通。

加强与消费者之间的交流，把握市场需求，可以借助于电话访问和网络平台的反馈来实现。企业要对各个环节的运行信息进行集中处理，明确产品的销售状况，避免产品的大量囤积，加速资金流动，让消费者能够及时买到需要的产品，避免出现缺货的情况。

（2）加强与供应商及合作商之间的联系。

与合作商之间实现信息的对接并不仅仅是指通过大规模的采购来降低商品的价格，国美通过建立共享信息系统与合作商实现共赢，也能发展长期的供应商。

统计数据显示，国美与百家合作商之间建成了共享信息系统。合作商能通过互联网订购产品、获知产品的市场状况，实现信息对接。合作企业能够不受时空限制访问国美的信息系统，完善国美的内部信息系统，这样供应商及合作商就能及时了解国美的产品存储情况、市场进度等，从而加强供应链各环节的联系。

• 国美的采购策略、方式与实施流程

国美的采购策略、方式与实施流程如图 6－3 所示。

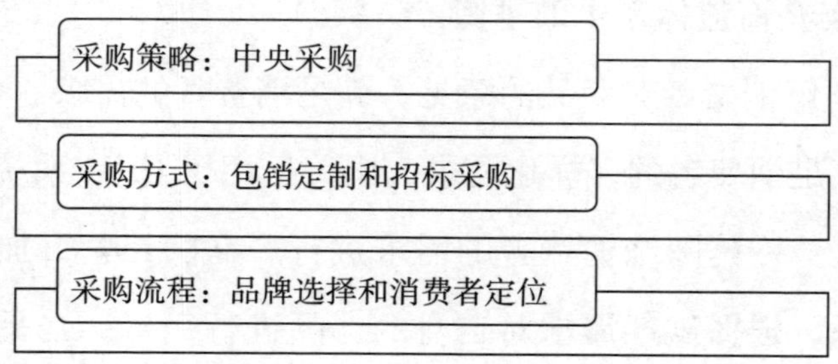

图 6－3 国美的采购策略、方式与实施流程

1. 采购策略：中央采购

中央采购是国美采购的一大特点，通过该采购策略，国美建立了自己的一系列优势。

在与供应商的谈判中，国美的竞价能力提升。在全国范围来看，国美的门店有上千家，采取中央采购的策略能够使得国美扩大采购量，以数量来确立自身规模优势，从而在谈判中提高议价能力。

中央采购策略能够精简采购机构，减少中间环节，降低成本。国美只要在总部建立起整套的采购体系，以此统领各个门店，无须在门店分别设立采购部门。而且统一采购可以使国美对资源的控制力度加大，与物流、销售等系统配合度提升。

国美的物流中心把中央采购获得的商品统一配送，有利于整顿、整合销售和物流体系，为各个门店的活动以及促销经营统一打下基础。如此一来，国美就可以形成较为整齐的经营模式，产生规模效应。

2. 采购方式：包销定制和招标采购

（1）包销定制。

这是国美发展史上最早采用的采购方式，能够针对市场的需求来进行商品的采购，使得自身商品与市场更加契合。

20 世纪 90 年代，国美在中国市场提出采取包销制原则，越过中间环节与厂商直接对话。包销制带来的好处之一就是降低企业自身的运营成本，同时省去中间环节意味着为供应商减少了一层风险。国美买断了海尔洗衣机的部分型号，跟厂家承诺一定销量，为厂家免去了后顾之忧。这样一来厂家会更愿意为国美供货，价格也会相对较低，从而使得国美的运营成本降低，可谓双赢。

国美采取包销定制的方式，对于一些销量较好的型号予以买断，无形中就形成了自身独特的竞争优势。

除此之外，在包销定制之前，国美会花大量时间来了解市场并进行科学分析，通过整合市场的需求来有针对性地收购商品，最大限度保证自己的商品满足消费者需求。

（2）招标采购。

招标采购，顾名思义也就是采购方作为招标方，列出采购的条件来邀请诸多企业共同竞标，这种方式与包销定制是相辅相成、互为补充的。招标采购的出现打破了我国 20 世纪 90 年代由生产厂家决定商品而零售商没有发言权的局面，让零售商不再只负责终端销售，而是参与到生产环节中。

以彩电为例，在 2000 年，国美向各大彩电企业发出彩电采购招商函，主要内容就是国美预备采购 6000 台彩电，由 3 款畅销机型组成，总金额高达 1000 万元。这一招商函的发出无疑引起了巨大的轰动，许多彩电企业摩拳擦掌，想要成为国美的供应者。当然，企业的竞争在无形中让国美从中获利，顺利完成这次招标采购。

3. 采购流程：品牌选择和消费者定位

从品牌选择来看，国美只注重品牌过硬的厂商，也就是品牌信誉良好、品质有保障的厂商。不仅如此，在确定采购之前，国美还会对该厂商的生产流程、商品质量等进行一系列的检测，最终生成检测报告，经过分析研究得出是否具有采购价值的结论，之后才会着手进行采购。

从消费者定位来看，不同消费水平的消费者有着不同的消费需求，国美对消费情况进行分析，尽量涵盖大范围的消费者。另外，厂商的后续服务是国美的着重考察点，因为后续服务质量是影响消费者满意度的重要因素。

从上述内容来看，国美依托大规模采购形成规模优势，降低成本，借助自身的品牌效应和市场份额以优势地位拿到与厂商的合作合同，保障供货渠道，保障利润。

国美以薄利多销、服务为先的经营理念来引导消费市场，通过连锁经营的方式在全国范围内建立起覆盖面广的销售网络。

- 国美物流配送模式的发展与布局

1. 国美物流配送模式的发展演变

国美最初采用的是由大库房到小库房的配送模式。总部设立大库房，各门店设有小库房，每天货物由大库房分送至各个小库房，消费者进行消费时再由小库房送出，消费者自己提回去。

这种配送过程中间环节十分烦琐，而且配送周期长，消费者无形中要多付出一些劳动，影响了消费体验。随着国美的急剧扩张与发展，这种配送方式已经远远不能满足需求，于是国美启动了门店储蓄配送模式，大件物品由国美提供送货上门的服务。

门店各库房负责储备货物，消费者在确认消费之后可亲自验货，满意之后由国美派车送货上门。这种方式减轻了消费者的负担，但门店的负担相应加大。每个门店都必须配备一辆以上的运送车和一个独立的仓库，这些资源之间不能共享，造成价值交流的浪费。

后来，国美整合物流资源，在总部建立起统一的物流配送中心，其原本的大库房功能更加多样化，包括信息管理、配送统一调配、信息加工等，真正形成了一个复合型的现代物流基地，并在50多个城市建立这样的中心，辐射全国30个地区，配送半径范围扩大至100公里。

通过各地配送中心的设立国美可以与家电供应厂商建立直接的对话关系，省去中间门店配送环节，形成“供应商—配送中心—消费者”的销售模式，门店只负责提供样品展示，这样就减少了途中损耗，减轻了门店压力，节省了资源。

2. 物流配送中心的管理

国美物流配送中心货物分门别类排列堆放，各类货物数量清晰，目录健全，入库、出库等效率都十分高。在商品入库时员工要对货物本身进行检查，包括机身、型号等，仓库不同类别也是由不同人员进行管理，具体责任落实到检查和管理人员，在人员管理方面分为3类，分别为配送经理、库管员、库工。

层层监督，任务分配逐级下达，责任明确，机制完善，能够有效保证物流配送工作的正常有序进行。配送经理主要是向地区分经理和业务经理汇报工作情况，监督下属工作；库管员除做好部分日常工作之外要监督库工工作，向配送经理负责；库工主要负责物流配送过程中的具体工作，如出库、入库、码放、安全保障等。

国美业务不断发展，体系也越来越成熟，物流配送中心的职位分类也越来越细致，新增添了不少职位，如配送会计、配送出纳等。除职位类别外，物流配送愈加流畅，不少规范化管理的措施相继出台，例如进出货流程、商品（包括促销商品、残次商品等）配发流程，各项规章制度的健全使得员工在工作时能够依照章程，整个流程更加有条不紊。

3. 以第三方物流为运送方式

第三方物流也就是说国美不通过自营车队配送，而是与社会上其他物流配送资源进行合作。这些第三方物流按照国美的规章进行配送，国美只需对其进行有效监督，既省时又省力。

当然，第三方物流在为国美进行配送之前必须要经过国美的培训，对相关流程进行了解和学习后才能上岗，否则无法体现出国美自己的特色。

相关的第三方物流有福建物流、天津大田集团等，国美在进入福建和天津市场时与当地的物流公司进行合作，由它们来负责国美的家电配送工作。

第三节 沃尔玛：构建智能化的供应链系统

- **“天天平价”背后的供应链奥秘**

随着经济全球化进程不断加快及跨界融合成为常态，各领域玩家之间的竞争逐渐从资金、人才、产品等方面扩展到了企业运营中的诸多环节。企业进一步扩大市场份额的同时，对于供应链运作模式的重视程度更是大幅度提升，而高效、稳定、流畅的供应链运作模式无疑能够为企业创造巨大的价值，在该领域，沃尔玛的案例尤其值得我们深入分析。

1962 年，已经积累了 10 多年特价商店运营经验的山姆·沃尔顿在阿肯色州创建了第一家沃尔玛平价商店，经过半个多世纪的发展，沃尔玛如今已经成长为一家跨国零售巨头，很多人都将其视为零售领域的神话。

沃尔玛商场遍布全球 27 个国家，商场数量达 1 万家，员工人数 220 多万人，旗下品牌多达 69 个，年销售额高达 4762. 94 亿美元，并且这仅是 2014 年的数字，其年销售额在不断增长，多次位居《财富》世界 500 强企业榜单之首。

作为零售领域的标杆企业，沃尔玛可谓是全球零售业的一个奇迹，沃尔玛能够在激烈竞争的市场环境中取得统治级地位，与其高度成熟的供应链系统存在密切联系。

沃尔玛建立的供应链系统已经成为其核心竞争力的重要组成部分，据市场研究机构给出的数据显示，沃尔玛的供应链系统使其比同行业竞争者的平均销售成本低两三个百分点，在沃尔玛年度交易额高达数千亿美元的基础上，这无疑能够为其降低巨额的运营成本。

为了支撑自身的低价策略，让利消费者，沃尔玛在供应链系统建设方面投入了大量的时间与精力，经过长时间的优化及完善，沃尔玛打造出了一个实现工厂与门店无缝对接的物流系统，有效改善了库存积压、市场应变能力不足等方面的问题，能够为广大消费者提供及时、高效的优质购物服务体验，并极大地降低了物流成本。

从乡村小镇到世界各国，从一家小杂货店到世界500强企业之首，沃尔玛是如何做到的呢？若对沃尔玛的成功进行总结，可将其归结为沃尔玛自建的高效的供应链系统。正是在这一系统的支持下，沃尔玛才能数十年如一日地秉持“天天平价”理念，才能成功推行全球化战略。

“天天平价，始终如一”这朴实无华的八个字是沃尔玛的标语，也是对沃尔玛经营理念的总结。

传统零售行业具有固定成本高、可变成本低的特点，因此，降低传统零售行业的产品售价非常困难。要想降低产品售价，最好的方法就是降低固定成本，而降低固定成本最好的方法就是增加业务量，实行规模化采购。而要想扩大经营规模，增加业务量，就必须借助高科技手段加强供应链基础设施建设，构建高效的供应链系统。

沃尔玛就是借助这一方法做到“天天平价”的。为了控制总成本，沃尔玛从供应链的各个环节入手，进行成本控制，进行供应链基础设施建设，并建立了QR（快速反应）模式。

1. 从供应链各环节入手控制成本

为了控制进货成本，沃尔玛消除了很多中间环节。各分部将产品订单交给总部，总部直接从产品生产厂商那里进货，之后进行统一分配。借助这种产品进货、分配方法，沃尔玛有效降低了沟通成本及人工成本。并且借助统一订货，能够产生大规模效益，使每个单位产品的进货成本被均摊，将产品的进货成本尽可能降到最低。

为了控制货物配送成本，沃尔玛在世界各地建立了20多个分销中心，并建立了自己的车队。订单中的产品直接被运送到各分销中心，分销中心会在24小时之内将其配送到各分店。从下单到产品上架，整个过程会在2天内完成。

在沃尔玛公司总部有一套计算机系统，存储着所有产品信息，每一件出售的产品都会记录在案，当产品库存减少到限定值时，计算机就会提醒工作人员下单、发货。借助这种库存管理方法，沃尔玛在及时补充货源和减少库存之间找到了平衡，既提升了发货、配送效率，又减少了库存积压而产生的浪费，控制了库存成本。

2. 供应链基础设施建设

为了打造高效的供应链系统，沃尔玛在供应链基础设施建设方面投入良多。

沃尔玛与休斯公司合作，于1983年发射了一颗商用卫星。之后沃尔玛耗费7亿美元建立了一个计算机与卫星交互式通信系统。在这个系统的帮助下，沃尔玛的总部、分销中心、分店能实时沟通，传递信息，这解决了供应链各主体间信息不对称的问题。

3. QR 模式

通过控制进货成本、物流配送成本及库存成本，沃尔玛的经营成本得到了有效控制。但在整条供应链上，这些仅隶属于企业内部协作的一环。为了提升企业间协作运转的效率，沃尔玛引入了一种现代化的供应链管理模式——QR模式。

沃尔玛引入QR模式的时间是20世纪80年代初期，自引入了这一供应链管理模式之后，沃尔玛就不断地在其中融合新技术、新方法。借助QR模式，企业内部的各种信息，比如销售信息、库存信息、成本信息等都能与供应商共享。供应商通过对这些信息进行分析，来决定发货时间、发货种类及发货形式。

做出决定之后，供应商就能将产品直接发送到沃尔玛的仓库中，帮助沃尔玛公司节省了进货业务所消耗的成本，并能将库存最小化，公司可将更多精力放在产品销售方面，以更好地推行低成本战略。

同时，在 QR 模式的帮助下，沃尔玛公司掌控了整条供应链，实现了供应链管理的闭环。

- **基于信息化的拉动式供应链模式**

零售信息系统建设无疑是沃尔玛能够持续保持领先优势的一大重要因素。在完善的信息技术提供的强有力支持下，沃尔玛能够将其全球化战略快速落地，在海外市场建立起强大的品牌影响力。

20 世纪 90 年代，由于业务量的大幅度增加，沃尔玛意识到传统的物流配送系统已经无法使自身继续保持成本优势。经过内部人员的不断努力，沃尔玛的物流配送模式实现了转型升级，从之前的商品直接配送至线下门店转变为在全球各地建立配送中心，通过配送中心对货物进行集中管理并为门店供货。

通过对配送体系进行创新，沃尔玛大幅度降低了企业的运营成本，有效缩短了库存周转期。沃尔玛数据中心，管理着整个沃尔玛的所有线下门店、配送中心及海量商品的相关数据，并借助通信卫星及互联网等对数据进行实时更新。

沃尔玛数据中心使得供应商、配送中心与线下门店之间能够保持同步作业，为沃尔玛的物流配送系统的稳定、高效运转提供强大推力。该系统的运用，使得以往需要几天才能完成的“确认线下门店，对订单进行汇总，送出订单”的整个业务流程仅用几个小时就能完成，有效提升了沃尔玛运营效率。

经过长期的摸索及完善，沃尔玛成功打造出了“从供应商到配送中心到销售门店”的完善的供应体系。该体系所采用的拉动式供应链模式，使其能够保持高效运转。沃尔玛在全世界建立了上百家配送中心，根据这些配送中心所处理的商品品类的差异，可以将配送中心分为6种，分别为“干货”配送中心、食品配送中心、山姆会员店配送中心、服装配送中心、进口商品配送中心、退货配送中心。

配送中心的运作模式如下：首先由供应商负责将商品运送至配送中心，之后会有专门的工作人员对货物数量、品质进行核对，接着员工将这些商品按照其品类放置到相应地仓储区；线下门店发出送货请求后，配送中心的后台系统将会确认商品的存放位置，并自动打印商品标签，标准化的商品将会直接从货架中经由传送带运送至待配送区，而零散的商品则需要工作人员将其放置在传送带上。

通常来说，配送中心收到其负责区域的线下门店发出的商品需求信息后，24 小时之内就会为其送货。对于以货物为中心的传统物流配送系统而言，其供应链中相关参与者无法实时高效地了解上游的供应量、下游的需求量、现有的库存量。所以整个产业链中的所有参与者都需要根据以往的运营经验来生产或者储备货物，从而满足消费需求，但这导致了整个产业链的盈利能力大幅度降低。

要让这一问题得到有效解决，最为关键的就是让信息能够实时高效地在产业链的各个环节自由流通，相关参与者能够根据消费需求做出及时调整。

沃尔玛在供应链建设环节就从这一维度出发，物流是由消费需求引发，用户决定购买的商品的种类、价格、时间等。门店根据商品的销售情况，制订商品采购方案，并将相关数据实时提供给配送中心及上游生产商。

这使得供应链中各个环节都能够科学高效运转，相关企业能够大幅度降低库存，使供给与需求保持相对平衡，从而获取更高的增量价值。这种灵活、高效的供应链模式也与当下消费群体的个性化与多元化的消费需求契合。

- **构建“产销一体化”的运作模式**

由于经济全球化及互联网的不断渗透，企业之间的竞争不再只是商品之间的竞争，而是上升到了整个供应链之间的竞争。对供应链的各个环节进行完善及优化，从而使其保持较强的竞争力，是企业长期取得领先优势的关键所在。

这需要企业在供应链建设的诸多环节，尤其是选择上游供应商时，找到最为优秀的合作伙伴。此外，要想让现金流、物流及信息流保持高效运转，企业必须打造出全新的商业系统及业务流程。

打造产销联盟，无疑是沃尔玛完善供应链运作模式中的一个具备战略意义的核心环节。沃尔玛对传统生产商与零售商之间的合作关系进行了变革，促进了生产与销售的深度融合，使得零售商在与生产商进行谈判时获得了极高的话语权。

在发展过程中，沃尔玛与其合作伙伴建立起了长期战略合作关系，双方签订具备法律效力的采购合同，沃尔玛直接从生产商那里采购货物，而不用经过大量的中间环节，这使得商品流通成本及运营成本明显降低。

传统供应链模式中，企业只根据相邻产业链环节上的企业采购信息订购商品，经过逐级放大后整个产业的供应链的供给与需求严重失衡，相关企业的运营风险明显增加。而沃尔玛与生产商进行战略合作的“产销一体化”模式有效解决了这一问题。

此外，沃尔玛使许多供应商成为其自有品牌的生产者，从而明显降低了门店商品的价格，在让消费者获益的同时，为自身创造了海量的增量价值。

事实上，对于沃尔玛这种级别的零售巨头而言，其能够根据自身的业务需求要求上游生产商对设备、厂房、选址、生产工艺、人工成本及管理制度等做出相应的调整，从而使生产商进行一系列变革，提供品质更高、成本更低的商品，共同为广大消费者创造价值。

自动补货系统是衡量一家现代大型零售企业综合实力的重要指标，它将对零售企业的运营效率产生决定性影响，并为管理人员制订订货计划提供强有力的数据支撑。沃尔玛的每一个线下门店都存在补货系统，它能够让沃尔玛的工作人员随时了解门店的库存信息、补货信息及配送中心的相关信息等，在详细记录每个商品的销售数据的同时，更能够有效预测未来一段时间内的商品销量。

沃尔玛经营的每个商品都具备独一无二的 UPC 码（商品统一代码），工作人员直接对商品的 UPC 码进行扫描，就可以掌握与该商品相关的所有信息，不需要经过下属汇报，就能制订出科学的订货计划，借助随身携带的智能手机等终端设备就可完成订货环节。

为了与位于全球各个地区的供应商流畅、高效地合作，沃尔玛专门开发出了与各个供应商实现无缝对接的零售链接系统。通过该系统，沃尔玛可以实时掌握供应商的库存及生产线的运作情况，从而合理配置自身的商品及运力资源，并制订订货计划等。而且沃尔玛可以根据自身对未来的商品销量预测，指导供应商控制产能。这不但帮助供应商有效降低了运营成本，更促使整个供应链的各个环节能够高效流畅地进行对接。

- **建立智能化、自动化的配送系统**

配送中心集中配货的运作模式，为沃尔玛打造无缝供应链模式打下了坚实的基础。沃尔玛建立大型配送中心（面积平均达到 11 万平方米，相当于 23 个足球场的面积之和）后，传统的分散在各个线下门店的物流仓储模式，就转变成了集中在配送中心的集中库存模式。由于配送中心可以稳定、灵活、高效地为线下门店提供产品配送服务，店铺不需要使用专门的区域来存储大量的商品，可实现销售面积最大化。

集中配送还能够减少线下门店入库、出库、验货等一系列作业流程，从而有效降低运营成本，并提升运营效率。更为关键的是，配送中心可以借助高度信息化的供应链体系实现小批量、多品类、高频率商品配送，从而增强线下门店的盈利能力。

据市场研究机构发布的数据显示，沃尔玛经营的 15 万种商品中，有大约 85% 的商品由配送中心负责供货。沃尔玛配送中心庞大的占地面积能够存储海量的商品，其每月处理的商品总价值高达数亿美元。为了有效降低运营成本，沃尔玛还会与供应商共同分担配送成本。

考虑到很多商品进入配送中心后，当天会立即被送至线下门店，沃尔玛的配送中心只有一层，从而尽量保证货物沿着水平方向运动，而不是垂直方向，大量减少了重复作业所造成的时间、人力及物力等方面的成本增加，使商品能够快速高效地流通。

沃尔玛配送中心的员工使用交叉配送的作业模式，当货物送至配送中心后，员工要在最短的时间内进行开包、检查、分拣及再包装等，以便能够及时满足线下门店的配送需求，并缩短商品存储在配送中心的时间，从而使供应链能够保持无缝对接。为了确保员工能够进行交叉作业，沃尔玛还建立了一个智能化及自动化的配送系统。

沃尔玛建立了配送系统，其中传送带系统使得配送人员能够精准高效地控制商品进出库，并在传送过程中对货物进行简单处理。此外，配送中心已经全面实现自动拣货及补货。

沃尔玛在全球拥有上万家线下门店，而且各个门店之间的需求存在一定的差异，这就对配送中心的灵活处理能力提出了极高的要求，配送中心必须能够根据线下门店的差异化需求，将海量的商品储存在不同的箱子中。

员工将通过传送带上的信号指示灯，将同一线下门店需要的商品集中起来，并安排运力资源负责配送。此外，沃尔玛采用的商品UPC码、自动拣货及补货系统、激光识别系统等，有力地提升了配送中心的自动化水平，为员工实现交叉作业打下了坚实的基础。

毋庸置疑的是，强大的运输车队是确保商品能够实现快速高效流通的重要保证。对于整个物流环节而言，运输无疑是成本最高的部分。和目前市场中的绝大部分的零售企业选择将物流配送外包给第三方专业物流公司所不同的是，沃尔玛拥有自己的物流车队，并通过科技手段及流程改造来对物流成本进行严格控制。

这使得沃尔玛减少了物流配送过程中的大量中间环节避免了大量物流服务商的参与，在加快物流配送效率的同时，更节约了物流成本。而且沃尔玛可以根据数据中心收集的商品、门店等信息，对运力资源进行高效配置，在极短的时间内为门店配送其需要的商品，并使车货高度匹配，降低空载率，使配送中心能够与线下门店保持无缝对接。

在装货、卸货及运输时间成本的控制方面，沃尔玛同样做到了极致。沃尔玛配送商品使用的卡车全部配备了卫星定位系统，能够帮助司机合理安排运输路线及运输量，充分利用运力资源，提升配送效率。沃尔玛以高度发达的信息系统实现了对物流资源的充分整合及对物流配送流程的深度优化，确保自身在市场竞争中长期保持领先优势。

沃尔玛线下门店仅白天营业，但其物流部门全天候工作。所以，运输部门需要与线下门店提前进行交流沟通，合理安排卸货时间，从而最大限度降低对线下门店正常经营活动所带来的负面影响。沃尔玛的配送中心同样会与供应商进行密切沟通，严格按照采购计划安排接货及卸货时间。由于沃尔玛在时间成本方面严格控制，其配送效率获得了极大的提升，库存周转期也大幅度缩短。

作为全球范围内的零售巨头，沃尔玛基于高度发达的信息系统及遍布全球的配送中心，打造出了现代化的无缝供应链运作模式，使自身的运营效率获得大幅度提升，构建了强大的竞争力，这值得国内每一个零售企业深入反思，并从中借鉴经验。